Jürgens · Projektfinanzierung

AF126251

Trends in Finance and Banking

Herausgeber: Prof. Dr. Adolf-Friedrich Jacob

Direktor des Zentrums für Finanzen und Finanzdienstleistungen der Wissenschaftlichen Hochschule für Unternehmensführung (WHU) – Otto-Beisheim-Hochschule –

Werner H. Jürgens

Projektfinanzierung

Neue Institutionenlehre und ökonomische Rationalität

GABLER

Die Deutsche Bibliothek – CIP-Einheitsaufnahme

Jürgens, Werner H. :
Projektfinanzierung : neue Institutionenlehre und ökonomische
Realität / Werner H. Jürgens. - Wiesbaden : Gabler 1994
   (Trends in Finanance and Banking)

NE: GT

Der Gabler Verlag ist ein Unternehmen der Verlagsgruppe Bertelsmann International.

© Betriebswirtschaftlicher Verlag Dr. Th. Gabler GmbH, Wiesbaden 1994
Lektorat: Silke Strauß

Das Werk einschließlich aller seiner Teile ist urheberrechtlich
geschützt. Jede Verwertung außerhalb der engen Grenzen des
Urheberrechtsgesetzes ist ohne Zustimmung des Verlages un-
zulässig und strafbar. Das gilt insbesondere für Vervielfäl-
tigungen, Übersetzungen, Mikroverfilmungen und die Ein-
speicherung und Verarbeitung in elektronischen Systemen.

Höchste inhaltliche und technische Qualität unserer Produkte ist unser Ziel. Bei der Produktion und Verbreitung unserer Bücher wollen wir die Umwelt schonen: Dieses Buch
ist auf säurefreiem und chlorfrei gebleichtem Papier gedruckt.

Die Wiedergabe von Gebrauchsnamen, Handelsnamen, Warenbezeichnungen usw. in
diesem Werk berechtigt auch ohne besondere Kennzeichnung nicht zu der Annahme,
daß solche Namen im Sinne der Warenzeichen- und Markenschutz-Gesetzgebung als
frei zu betrachten wären und daher von jedermann benutzt werden dürften.

ISBN 978-3-409-14693-7   ISBN 978-3-663-01239-9 (eBook)
DOI 10.1007/978-3-663-01239-9

Vorwort

Die Besonderheit dieser als Dissertation am Lehrstuhl für Finanz- und Bankmanagement an der Wissenschaftlichen Hochschule für Unternehmensführung - Otto-Beisheim-Hoschschule - eingereichten Arbeit liegt in einem neuen Ansatz der Sichtweise der Finanzierungsmethode "Projektfinanzierung".

Die bisherigen Arbeiten sind teils deskriptiver Natur, indem sie Art und Vorgehensweise von Projektfinanzierung beschreiben, teils juristischer Natur, indem sie auf vertragsrechtliche Probleme und deren juristische Lösung eingehen, teils finanzwirtschaftlicher Natur, wobei sie Projekt und Projektfinanzierung als Einheit auffassen.

Der Verfasser trennt die Finanzierungsebene von der Projektebene, er behandelt die sich aus der Projektstruktur ergebenden finanzwirtschaftlichen Implikationen und versucht, die Abhängigkeiten theoretisch zu fundieren. Der Theorierahmen basiert auf den transaktionskosten- und agency-theoretischen Überlegungen. Dieses ist der neue Ansatz, der sich als außerordentlich fruchtbar erweist.

Der Ansatz des Verfassers macht auch deutlich, daß nicht alle Projektbeteiligten Finanzierungsfunktionen haben, jedoch Rahmenbedingungen der Finanzierungsfähigkeit von Projekten erfüllen. Zur theoretischen Fundierung rekurriert der Verfasser hier auf Teilbereiche der Informationsökonomik.

Nach einer kurzen Einleitung werden im 2. Kapitel Projekt und Projektfinanzierung am Beispiel der Literatur zu diesem Thema dargestellt. Der Verfasser betont, daß insbesondere organisationstheoretische Arbeiten fehlen.

Im 3. Kapitel wird der neoinstitutionalistische Ansatz auf seine Relevanz für die Projektfinanzierung untersucht. Zur Erklärung der Projektstruktur wird auf das Instrumentarium des Transaktionskostenansatzes zurückgegriffen. Das rechtliche und administrative Umfeld wird mit dem Property-Rights-Ansatz analysiert, die Vertragsgestaltung von Projektfinanzierung wird im Rahmen der Agency-Theorie behandelt. Hier erweist sich die konsequente Trennung von Projektstruktur und Projektfinanzierung als sehr fruchtbarer Erklärungsansatz.

Das 4. Kapitel ist der Analyse der Projektstruktur gewidmet. Behandelt wird das Projekt als hybride Koordinationsform zwischen Markt und Hierarchie. Eine Projektstruktur ist - gegenüber alternativen Hierarchieformen - dann effizient, wenn Skalen- und/oder Verbundvorteile realisiert, Finanzierungskosten gesenkt werden können und die Vertragspartner Unternehmensbereiche aufweisen, für die kein Synergiepotential besteht. Hinsichtlich des Leistungsverhältnisses der Projektbeteiligung gilt als Effizienzkritierum das Vorliegen transaktionsspezifischer Investitionen und/oder der Input von Informationen.

Auf der somit gelegten Basis wird nun im 5. Kapitel die Vertragsstruktur von Projektfinanzierungen analysiert.

In einem ersten Schritt wird die Risikoallokation bei Projektfinanzierungen mit Hilfe von Kontingenzverträgen - Arrow-Debreu-Modell - erklärt. Die typischen institutionellen Regelungen werden durch agency-theoretische und informationsökonomische Ansätze analysiert. Hier spielt die Frage der Kreditsicherheiten für den Fremdkapitalgeber die entscheidende Rolle. Der Verfasser zeigt Anreizmechanismen und Kontrollaufwand als Instrumente der Problemlösung.

Schließlich gilt **auch** für die Projektfinanzierung die allgemein von Hax und Hartmann-Wendels formulierte These, daß neben Aspekten der Risikoteilung Probleme der asymmetrischen Informationsverteilung zwischen den Vertragspartnern für die Gestalutng von Finanzierungsbeziehungen verantwortlich sind. Damit ist ein Beleg für die These erbracht, daß die Finanzierungstheorie, ohne auf Erkenntnisse der Organisationstheorie zu rekurrieren, nicht fruchtbar sein kann.

Am Ende der Arbeit steht für die **Projektfinanzierung** die Erkenntnis, daß es zu eng ist, sie nur als Risk sharing-Instrument zu begreifen. Die Vertragsstruktur einer Projektfinanzierung wird erst durch das **Einbeziehen von Verhaltensrisiken zwischen den Projektbeteiligten** hinreichend erklärt. Dies führt zu einer neuartigen Sicht der Eigenmittel innerhalb der Projektfinanzierung: sie erhalten eine Pfandfunktion.

Dies ist ein sehr interessantes und bemerkenswertes Ergebnis der Arbeit, die eine neuartige Sicht der Finanzierungsmethode "Projektfinanzierung" zeigt und auch einen Ausblick auf den künftigen Forschungsbedarf eröffnet.

Prof. Dr. Adolf-Friedrich Jacob

Danksagung

Diese Arbeit wurde von der Wissenschaftlichen Hochschule für Unternehmensführung (WHU) - Otto-Beisheim-Hochschule als Dissertationsschrift angenommen. Gutachter waren die Professoren Adolf-Friedrich Jacob und Hans Bauer, denen ich für ihre Mühe herzlich danken möchte.

Bei den Mitwirkenden eines Dissertationsvorhabens verhält es sich ähnlich wie mit einem Eisberg: nur ein Bruchteil ist für den Außenstehenden sichtbar; der weitaus größere Teil bleibt im verborgenen. Im folgenden möchte ich versuchen, etwas von dem unter der Wasseroberfläche liegenden Schichten zu erhellen.

Zunächst ist mein Doktorvater Adolf-Friedrich Jacob zu nennen. Seine Persönlichkeit trug sicherlich maßgeblich dazu bei, daß meine Arbeit schließlich erfolgreich beendet wurde. Einerseits ermunterte er mich mit wohlwollenden Worten, andererseits scheute er sich aber auch nicht vor klaren "Neins" und setzte damit die Grenzsteine für meine intellektuellen Wanderungen, die ich im Moment ihres Auftretens natürlich eher als lästige Prellböcke empfand.

"Arbeitsenergie" empfing ich aber auch aus anderen Quellen. Hervorheben möchte ich dabei besonders die Rolle meiner Eltern. Ihre Sorge und Anteilnahme an dem, was der Sohn tat und auch nicht tat in den vergangenen Jahren kannte keine Grenzen.

Durch Taiku lernte ich zu schmunzeln, als alles anders lief, als ich es mir zu Anfang vorgestellt hatte.

Dagmar lehrte mich, daß es der Arbeit gut tut, auch mal zu ruhen.

Durch Andreas hörte ich von dem effizienten Einsatz von Energie und sah, daß alles auch viel schneller geht.

Bei Lisa und Manfred wußte ich, daß immer ein Glas Wein bereitstand und gegebenenfalls auch feste Nahrung.

Schließlich möchte ich auch mein Arbeitsumfeld an der WHU in Koblenz erwähnen. Es war und ist auch weiterhin geprägt durch eine sehr persönliche Atmosphäre, in der man sich sehr wohl fühlen kann. Stellvertretend für alle möchte ich hier Cornelia H., Liane R. und Harald W. danken. Viele Namen, die in den verschiedenen Phasen meiner Arbeit aktiv mitgewirkt haben, sind damit noch nicht erwähnt. Allen diesen Ungenannten, die - jede/jeder an ihrer/seiner Stelle - für mich sehr wichtig waren, möchte ich auf diesem Weg mein herzliches Dankeschön aussprechen.

Werner Jürgens

Vallendar im November 1993

INHALTSVERZEICHNIS

Abbildungsverzeichnis

Seite

1. Einleitung

Projektfinanzierung ist keine neue Finanzierungsmethode mehr. Auf globaler Ebene findet sie seit Mitte der siebziger Jahre Anwendung. Anwendungsbereiche sind insbesondere Energie- und Rohstoffgewinnung, industrielle Großanlagen sowie Hochtechnologie- und Infrastrukturprojekte.[1] Obwohl Statistiken über die Häufigkeit der Anwendung von Projektfinanzierungen nicht vorliegen, wird allgemein von einer zunehmenden Bedeutung dieser Finanzierungsmethode ausgegangen.[2] Aus den genannten Sachverhalten kann auf das Vorliegen einer ökonomischen Rationalität der einzelnen Projektbeteiligten bei einer Mitwirkung in Projektfinanzierungen geschlossen werden.

Trotz einer breiten Literatur zu diesem Thema ist nach Meinung des Verfassers eine umfassende Darstellung der ökonomischen Rationalität von Projektfinanzierungen bislang nicht erfolgt.[3] Wesentliches Manko bisheriger Erklärungsansätze ist es, daß analytisch nicht zwischen einer Projekt- und einer Finanzierungsebene unterschieden wird und die Abhängigkeiten, insbesondere der Finanzierungsebene von der Projektebene bezüglich der jeweiligen vertraglichen Regelungen nicht gesehen werden.

Ziel der vorliegenden Arbeit ist es, eine integrative Analyse der Finanzierungsmethode Projektfinanzierung vorzunehmen. Dazu ist es erforderlich, jeweils getrennt die Bestimmungsgründe der institutionellen Gestaltung der Projektstruktur sowie der Projektfinanzierung darzulegen und auf mögliche Interdependenzen hin zu untersuchen.

Kapitel 2 erläutert die Projektstruktur und die Projektfinanzierungsebene als Betrachtungsgegenstand dieser Arbeit und referiert die in der Literatur vorhandenen Ansätze zur Erklärung der Projektfinanzierung.

1 Backhaus, Klaus; Molter, Wolfgang: [Auftragsfinanzierung], 1989, Sp. 60.

2 Carnevale, Francesca: [Projects a-plenty], 1989, S. 25; Relles, Marion: [Neue Wege der Kommunalfinanzierung], 1993, Sington, Philipp: [Pure Project Finance], 1989, S. 51.

3 Vgl. zur Darstellung des Forschungsbedarfs Kapitel 2.5.6.

Kapitel 3 setzt mit der Neuen Institutionenenlehre den theoretischen Bezugsrahmen der Arbeit fest.

Im Kapitel 4 erfolgt mit Rückgriff insbesondere auf den Transaktionskosten- und den Property-Rights-Ansatz die Ableitung der Bestimmungsgründe zum Eingehen einer Projektstruktur. Die Darstellung der Motivationsstruktur erfolgt dabei sowohl für privatwirtschaftliche Unternehmen als auch staatliche Institutionen als Projektbeteiligte.

Kapitel 5 geht aus von einer Agency-Beziehung zwischen Kreditgebern und Projektträgern. Die für Projektfinanzierungen typischen vertraglichen Regelungen werden im Rahmen der Agency-Theorie als Anreiz- und Kontrollmechanismen zum Abbau von Verhaltensrisiken interpretiert.

Kapitel 6 resumiert den Erklärungsbeitrag dieser Arbeit und gibt Hinweise für weiterführende Forschungsarbeit.

2. Projektfinanzierung

2.1. Definitionen

Ausgehend von der wörtlichen Bedeutung ist unter Projektfinanzierung eine Finanzierungsmethode zur Darstellung von Projekten zu verstehen. Zu unterscheiden ist demnach zwischen zwei Begriffselementen: dem Projekt einerseits und der Methode zur Finanzierung eines Projektes andererseits. Im folgenden sind diese Begriffselemente zu erklären und ihre Beziehung zueinander zu verdeutlichen.

2.1.1. Projekt

Als "Projekt" wird ein Vorhaben gekennzeichnet, das im wesentlichen durch die Einmaligkeit der Bedingungen in ihrer Gesamtheit gekennzeichnet ist.[4] Diese konkretisiert sich in:[5]

- einmaligen, azyklischen Abläufen
- Terminierbarkeit von Anfangs- und Endzeitpunkten
- spezifischer Organisationsstruktur
- speziell formulierter Zielvorgabe sowie
- genau zurechenbaren finanziellen, personellen und sachlich materiellen Kontingenten.

Weiteres wichtiges Merkmal von Projekten ist deren Komplexität, die sich in erster Linie durch die Vielzahl der Projektbeteiligten und deren komplementären Aufgabenstellungen ergibt sowie deren Neuartigkeit. Letzteres zeigt sich in der Zielsetzung von Projekten, die abstellen können auf die Erstellung

- eines oder mehrerer neuer Produkte,
- einer oder mehrerer neuer Anlagen,
- einer oder mehrerer neuer Bauten
- eines oder mehrerer neuer Systeme

4   Grün, Oskar: [Projektorganisation], 1992, Sp. 2102 f.
5   Schmitt, Wolfram: [Internationale Projektfinanzierung], 1989, S. 17.

oder auch auf die Veränderung von

- Organisationsstrukturen
- Mitarbeiterqualifikationen
- Fertigungsprozessen
- Vertriebsprogrammen

Für diese Arbeit kann der Projektbegriff derart eingeschränkt werden, daß hinsichtlich der Zielsetzung allein auf die Erstellung von Anlagen und Bauten abgestellt wird.[6] Hinsichtlich der organisationalen Gestaltung wird von einer spezifischen Struktur derart ausgegangen, daß ein Projekt in einer rechtlich und wirtschaftlich selbständigen Unternehmenseinheit durchgeführt wird, die durch zwei oder mehrere Projektbeteiligte eingerichtet wird.

Für die nachfolgende Untersuchung seien also folgende Kriterien zur Beizeichnung eines Projekts zugrunde gelegt:

- einmaliges Vorhaben zur Erstellung von Anlagen und Bauten
- mehrere Projektbeteiligte mit komplementärer Aufgabenstellung
- Einrichtung einer rechtlich und wirtschaftlich selbständigen Unternehmenseinheit durch zwei oder mehrere Projektbeteiligte.

2.1.2. Projektfinanzierung

"Projektfinanzierung" beschreibt eine Finanzierungsmethode, die sich an den Spezifika eines darzustellenden Projektes ausrichtet.[7] Projektfinanzierungen entstehen also jeweils in Abhängigkeit eines bereits vorhandenen Projektes. Allgemein ist eine Projektfinanzierung dadurch gekennzeichnet, daß

" a lender is satisfied to look initially to the cash flows and earnings of that

---

6 Uekermann, Heinrich: [Internationale Projektfinanzierung], 1990, S. 15-
7 Wynant, Larry: [Project Financing], 1980, S. 50.

economic unit as the source of funds from which a loan will be repaid and to the assets of the economic unit as collateral for the loan"[8]

Unter Projektfinanzierung wird damit die Finanzierung einer weitgehend abgrenzbaren Einheit - dem Projekt - verstanden, bei der nicht die das Projekt fördernden Parteien (Sponsoren), sondern primär der cash flow, der mit dem Projekt erzielt werden soll, als Sicherheit und Quelle für Zins- und Tilgungszahlungen dient.[9] Die Grundidee dieses Finanzierungskonzepts liegt tendenziell also in der Abkehr der Adressenorientierung der klassischen Finanzierungssicht und der Hinwendung zu einer cash-flow-Orientierung. Projektfinanzierung wird deshalb auch als "cash flow related lending" bezeichnet.[10]

Die typische Projektfinanzierung fällt in die Kategorie des "limited recourse financing".[11] Da das durch Sponsoren bereitgestellte Eigenkapital als Risikopuffer für die Kreditgeber in der Regel nicht ausreicht, haben diese dabei die Möglichkeit, bei der Besicherung des Projektkredites in beschränktem Maße auf außerhalb des Projektes befindliche Vermögenswerte zurückzugreifen. Dies sind durch Projektsponsoren oder dritte Parteien dargereichte Sicherheiten.[12]

Spezielle, genau definierte Teilrisiken werden auf verschiedene Parteien aufgeteilt ("risk sharing"). Erfolgt die externe Sicherung des Projektkredites allein durch die Projektsponsoren wird von "full recourse" gesprochen. Ein risk sharing läge in diesem Fall dann nicht mehr vor, weshalb manche Autoren eine solche Konstellation auch nicht mehr als Projektfinanzierung bezeich-

---

8 Nevitt, Peter K.: [Project Financing], 1989, S. 3.

9 Backhaus, Klaus; Sandrock, Otto; Schill, Jörg: [Bedeutung der Projektfinanzierung], 1990, S. 10.

10 Uekermann, Heinrich: [internationale Projektfinanzierung], 1990, S. 18. Wichtiger Bestandteil bei der Beurteilung der Schuldendienstdeckungsfähigkeit von Projektfinanzierungen sind daher Simulationen zur zukünftigen cash flow-Entwicklung (Sensitivitätsanalysen). Vgl. Backhaus, Klaus; Uekermann, Heinrich: [Projektfinanzierung], 1990, S. 106. Zu einem cash flow-Simulationsmodell vgl. Brzozowski, Leonard J.; Turner, Lee D.; Olsen Eric E.: [Project Financing Evaluation], 1977, S. 40 ff. Zu dem Einfluß verschiedener Analysemethoden auf die Projektselektion vgl. Guimaraes, Tor; Paxton, William E.: [Project Selection], 1984, S. 18 ff. sowie Sharp, David J.: [Hidden Value in High-Risk Investments], 1991, S. 69 ff.

11 Hagenmüller, Karl F.; Jacob, Adolf-F.: [Bankbetrieb], 1987, S. 248.

12 McKechnie, Gordon: [Limited Recourse Finance], 1987, S. 269.

nen.[13] Demgegenüber bezeichnet "non recourse" den Fall, bei dem eine Haftung des Projektträgers ausgeschlossen ist.

Bei einer Gestaltung der Sicherheitenstruktur als non- oder limited-recourse-Finanzierung kann eine Belastung der Bilanz der Projektträger hinsichtlich des Ausweises der durch das Projekt aufgenommenen Fremdmittel ganz oder teilweise vermieden werden. Projektfinanzierungen werden daher auch als bilanzexterne Finanzierung ("off balance sheet financing") bezeichnet.[14]

2.2. Historische Entwicklung und Anwendung der Projektfinanzierung

Bei der Projektfinanzierung handelt es sich um eine, in Europa erst seit den siebziger Jahren Verbreitung findende Methode. Das Konzept, bei dem der Kreditgeber in bestimmten Umständen nicht voll auf die Projektsponsoren oder Eigentümer eines Projektes zurückgreifen kann, hat eine lange Geschichte. In dem Handelscode des klassischen Athens beispielsweise war ein auf einen Seetransport gesicherter Kredit nicht rückzahlbar, wenn das betreffende Schiff auf See verloren ging.

Der Ursprung der heute üblichen Projektfinanzierungstechnik liegt in der Finanzierungsmethode des "production payment financing", das seit etwa 1930 bei der Exploration von Erdölvorkommen in den USA angewandt wurde.[15] Für die i.d.R. kleinen Ölgesellschaften, die häufig nicht ausreichend Kapital besaßen, um eine Ölbohrung aus eigener Kraft zu finanzieren, oder eine zu schwache Bilanzstruktur aufwiesen, um eine direkte Fremdfinanzierung zu erreichen, begannen die Banken, eine neue Finanzierungstechnik zu entwikkeln, bei der sie statt der Bilanz die erwarteten zukünftigen Einahmen als Basis der Kreditentscheidung heranzogen und als Sicherheit allein auf das Öl in der Erde rekurrierten.[16]

13 So z.B. Heintzeler, Frank: [Entwicklungen in der internationalen Projektfinanzierung], 1985, S. 16.

14 Abolins, Karlis I.: [Joint Venture Finanzierungen], 1984, S. 253; zur off balance sheet-Finanzierung vgl. auch Kapitel 4.2.2.3.2.1.

15 Backhaus, Klaus: [Projektfinanzierung], 1989, Sp. 1728.

16 Hall, William: [World of Project Finance], 1976, S. 71.

Entsprechend dieser Erfahrungen fanden erste Anwendungen der Projektfinanzierung in Europa im Energiesektor statt. In dem Titel eines Artikels aus dem Jahr 1975 einer Finanzzeitschrift wurde Projektfinanzierung zum "silver lining for commercial bankers" erklärt.[17] Wichtiger Anwendungsbereich für Projektfinanzierunen waren neben dem Energiebereich Rohstoffexplorationen in Dritte-Welt-Länder. Aufgrund der internationalen Schuldenkrise kam es jedoch zu einem Einschnitt bei der Anwendung der Projektfinanzierung in dieser Ländergruppe.[18] Angewendet werden Projektfinanzierungen heute in erster Linie in Industrieländern und dort zunehmend in neuen Anwendungsbereichen. Zu nennen sind insbesondere Telekommunikations- und Hochtechnologieprojekte.[19]

2.3. Vertragliche Gestaltung des Projekts

An jedem Projekt in dem definierten Sinne ist eine Vielzahl von Aktoren beteiligt, die durch ein Netz von Verträgen miteinander verbunden sind. Dieses Vertragsnetz weist viele Varianten auf. Seine Grundstruktur läßt sich erkennen aus einem Überblick über die Beteiligten und ihrer typischen Interessen und Funktionen im Kontext der Projektdurchführung.

2.3.1. Projektträger (Sponsoren)

Jedes Projekt ist gekennzeichnet durch mehrere Interessenten, die gemeinsam die unternehmerische Entscheidung für die Durchführung des Projektes treffen und damit die Erzielung eines Gewinns anstreben. Diese Gruppe von Projektbeteiligten wird als Projektträger (sponsor, promoter) bezeichnet. Die Projektträger sind verantwortlich für die Planung, Finanzierung und Durchführung des Projektes und treten regelmäßig als Eigenkapitalgeber auf.

[17] Harrison, David H.A.: [Project Finance], 1975, S. 78.
[18] Stockmayer, Albrecht: [Security Arrangements], 1988, S. 212.
[19] Herrhausen, Alfred: [Investitionsfinanzierung], 1987, S. 968.

Projektträger können die folgenden Beteiligten eines Projektes sein:[20]

- Lieferanten von Roh-, Hilfs- und Betriebsstoffen,
- Anlagelieferanten,
- Abnehmer des Projektproduktes,
- staatliche Institutionen des Gastlandes,
- suprastaatliche Institutionen.

2.3.2. Struktur und Rechtsform des Projektes

Typisch für ein Projekt ist das Zusammenwirken mehrerer Projektträger. Die Gründe hierfür können vielfältig sein. Sie sollen ausgehend von einer theoretischen Fundierung in dieser Arbeit abgeleitet werden.[21] Kennzeichnend für die hier beschriebenen Projekte ist, daß mehrere Projektträger ihre Erfahrungen und Mittel zusammenlegen zur Durchführung eines gemeinsamen Vorhabens, das sie gemeinsam kontrollieren und dessen Ergebnisse sie teilen. Damit sind die Eigenschaften eines Joint Ventures beschrieben.[22] Ausgegangen werden kann mithin bei einem Projekt von einer Joint Venture-Struktur.

Die Zusammenarbeit zwischen den Projektträgern wird in einem Joint Venture-Vertrag geregelt.[23] Dieser legt nicht nur die Rechten und Pflichten der Joint Venturer untereinander fest, sondern übernimmt innerhalb des komplexen Vertragsnetzes der Projektorganisation die Rolle des Ausgangs- und Bezugspunktes für die übrigen Verträge. Als "master document" legt er für die Beteiligten den Gegenstand, die wichtigsten Merkmale des Projektes sowie die Schritte zu seiner Verwirklichung erstmals rechtsverbindlich fest.[24] Die im Laufe der Projektdurchführung abzuschließenden Verträge werden nicht

20 Frank, Hermann: [Project Financing], 1986, S. 35.
21 Siehe dazu Kapitel 4.
22 Hellwig, Hans-Jürgen: [Joint Venture], 1989, Sp. 1064.
23 Hinsch, Ludwig C.; Horn, Norbert: [Vertragsrecht], 1985, S. 224.
24 Hinsch, Ludwig C.: Horn, Norbert: [Vertragsrecht], 1985, S. 239.

in allen Einzelheiten, wohl aber in ihren Grundzügen geregelt. Im einzelnen kann der Abschluß der folgenden Vertragstypen vereinbart werden:[25]

- Konzessions-, Lizenzverträge mit staatlichen Einrichtungen
- shareholders' agreement
- Gründungsverträge der Projektgesellschaft
- Projektmanagementverträge und technische Beratungsverträge
- Verträge und Unterverträge zur Errichtung des Projektes
- Fertigstellungsgarantien der Anlagenlieferanten
- Versicherungsverträge
- Lieferverträge von Roh-, Hilfs- und Betriebsstoffen
- Abnahmeverträge
- Lizenzen für die verwendeten Technologien
- Transportverträge

In der Praxis haben sich die folgenden Rechtsformen zur Darstellung von Projektfinanzierung nach sich ziehenden Projekten durchgesetzt. In Anbetracht der Tatsache, daß diese in ihrer Mehrzahl im angelsächsischen Rechtskreis stattfinden, werden hier die entsprechenden Fachtermini angeführt:[26]

- corporations
- partnerships
- limited partnerships
- contractual joint venture
- trusts

Jeweils im Einzelfall ist abzuklären, welche Rechtsform für ein Projekt und die Bedürfnisse der Projektsponsoren am besten geeignet ist. Wichtig dabei sind in erster Linie steuerliche Aspekte.[27]

---

[25] o.V.: [Project Finance], 1991, S. 24.

[26] Nevitt, Peter K.: [Project Financing], 1989, S. 225 ff. Siehe an dieser Stelle auch eine ausführliche Erörterung der Vor- und Nachteile der einzelnen Rechtsformen.

[27] Herger, Hanspeter: [Finanzierung von Eisenbahnprojekten], 1990, S. 93.

2.4. Vertragliche Gestaltung der Projektfinanzierung

Ein Projekt ist für eine Projektfinanzierung nur geeignet, wenn es voraussichtlich einen cash flow erwirtschaftet, der die volle Verzinsung und Rückzahlung des investierten Kapitals aus diesem cash flow erwarten läßt. Da die Fremdfinanzierung ein unerläßlicher Bestandteil einer Projektfinanzierung darstellt, sind Bedingungen herzustellen, unter denen Fremdkapitalgeber zu einer Kreditbegebung bereit sind.[28]

Problem ist hier, daß ein Heranziehen der Vermögensgüter eines Projektes - beispielsweise einer Transportinfrastruktur, eines Kraftwerks oder einer Ölfördereinrichtung aufgrund ihres in der Regel niedrigen Wiederverwertungswertes keine für die Kreditbegebung einer Bank ausreichende Sicherheit darstellt.[29] In diesem Punkt erweist sich der wesentliche Unterschied einer Projektfinanzierung gegenüber der Finanzierungsmethode des asset financing: der Wert des einer Projektfinanzierung zugrundeliegenden Vermögensgutes für eine dritte Partei ist minimal, wenn diese nicht selbst das Projekt übernehmen und durchführen will.[30] Dagegen hat beim asset financing das zugrundeliegende Vermögensgut - das Gebäude, das Schiff oder das Flugzeug - immer einen gewissen Residualwert.[31]

---

28   Funk, Joachim: [Sonderformen], 1988, S. 423.

29   Vgl. zu Problemen der Wiederverwertung von Vermögensgütern Kapitel 2.5.4. sowie Kapitel 5.3.3.

30   Zu dem Problem der Wiederverwertbarkeit bemerken Forrester/Coles/Wexler: "This is one of the most important risks for all parties to a project finance transaction to understand properly; there are few, if any, alternative uses for the majority of project assets if they do not operate at a level sufficient to amortise the debt." Vgl. Forrester, J. Paul; Coles, Jan R.; Wexler, Thomas C.: [Project Finance], 1992, S. 106.

31   McKechnie, Gordon: [Limited Recourse Finance], 1987, S. 271.

2.4.1. Projekteignung und Projektrisiken

Mehr als an der Besicherung durch Rückgriff auf die Projektaktiva sind die Fremdkapitalgeber bei Projektfinanzierungen daher an der Fähigkeit der Projektbetreiber zur erfolgreichen Durchführung eines Projektes sowie an der Erfolgswahrscheinlichkeit des Projektes selbst interessiert. Ausgangspunkt der Analyse der Kreditgeber bei der Entscheidung für eine Kreditvergabe ist mithin die Untersuchung der Eignung und der Durchführbarkeit des Projektes sowie der damit verbundenen Risiken.[32]

- Durchführbarkeitsstudie

Vor einer Kreditbegebung müssen daher die Kreditgeber von der technischen und wirtschaftlichen Durchführbarkeit des Projektes überzeugt werden. Zu beachten sind dabei die folgenden Kriterien:[33]

- Umfang und Sicherheit von Reserven
  (in Explorationsprojekten)
- wahrscheinlicher Durchfluß (in Pipelineprojekten)
- wahrscheinliches Passagier- oder Verkehrsvolumen
  (in Transportprojekten)
- Kosten für den Erwerb des Projektgeländes,
  die Errichtung und Entwicklung
- Verfügbarkeit und Kosten von Energie, Wasser,
  Transport- und Kommunikationsmöglichkeiten
- Zugang zu Rohstofflieferungen und mögliche
  rechtliche Beschränkungen
- Existenz von zugangsfähigen Märkten für das Projektprodukt
  und Nachfrage auf diesen Märkten
- Zugang zu notwendigen Technologien, Managementpersonal
  und Arbeitskräften
- Verfügbarkeit von Betriebslizenzen und anderen offiziellen

---

[32]   Hinsch, Ludwig C.; Horn, Norbert: [Vertragsrecht], S. 209.

[33]   o.V.: [Project Finance], 1991, S. 24.

Dokumenten

- Kosten- und Erlösprojektionen basierend auf der Annahme bestimmter Zinssätze, Wechselkurse, Inflationsraten, Steuern, Verzögerungen und anderen Beschränkungen
- Potentielle Wertsteigerungen etwa durch den Verkauf von Nebenprodukten
- Verfügbarkeit von Versicherungen gegen Projekt- und Länderrisiken

- Projektrisiken

In Verbindung mit der Durchführbarkeitsstudie erfolgt eine Analyse der einzelnen Risiken, die den Projekterfolg gefährden können. Gearbeitet wird dabei mit einer Klassifizierung von Risiken, die aus der Erfahrung der Banken mit dieser Finanzierungsmethode entwickelt wurde. Auch wenn es sich dabei um kein völlig feststehendes Klassifikationsschema handelt, so besteht doch Einigkeit über die wichtigsten Risikoarten.[34] Die Risiken einer Projektfinanzierung können dementsprechend den drei folgenden Gruppen zugeordnet werden:[35]

- technische Risiken
- wirtschaftliche Risiken
- politische Risiken

---

34 Millauer, Karl M.: [Projektfinanzierung], 1985, S. 27 ff; Schmitt, Wolfram: [Projektfinanzierung] 1989, S. 129 ff; Billand, Frank: [Projektfinanzierung und -entwicklung], 1989, S. 331 ff.

35 Uekermann, Heinrich: [internationale Projektfinanzierung], 1990, S. 20.

- 13 -

Diesen Risikogruppen können die Einzelrisiken wie folgt zugeteilt werden:

- technische Risiken

  - Reserve- und Abbaurisiko
  - Fertigstellungsrisko und Risiko von Kostenüberschreitungen
  - verfahrenstechnisches Risiko[36]

- wirtschaftliche Risiken

  - Betriebsrisiko
  - Preis- und Absatzrisiko
  - Zulieferrisiko
  - Wechselkursrisiko
  - Zinsänderungsrisiko

- politische und force-majeure-Risiken[37]

Hinsichtlich der Ausprägung der genannten Risiken bei Projektfinanzierungen stellt Ahalt fest: " One of the most important criteria for project finance, apart from the banks' ability to assess the technical risks, is the presence of a politically stable environment."[38]

---

[36] Typisch für Projektfinanzierungen sind marktmäßig getestete Verfahrenstechniken. Neue Technologien eignen sich dagegen nicht für Vorhaben, die durch Projektfinanzierungen dargestellt werden sollen. Vgl. Heintzeler, Frank: [Kalkuliertes Risiko], 1981, S. 47; o.V.: [Projektfinanzierungen], 1990, S. 2.

[37] Zur Risikoabdeckung durch Ausfuhrgewährleistungen und Kapitalanlagengarantien im Rahmen der Projektfinanzierung vgl. Rösler, Gerhard: [Risikoabdeckung], 1990, S. 77 ff.

[38] Ahalt, Gordon F.: [The Oil Industry uses Project Finance], 1977, S. 61. Empirische Evidenz dafür, daß Projektfinanzierungen vor dem Hintergrund stabiler politischer Verhältnisse stattfinden, gibt eine Auflistung der Deutschen Bank AG, die 1987 eine Beteiligung an insgesamt 33 Projekten aufwies. Nur sieben davon befanden sich in Entwicklungsländern; alle anderen Projekte wurden in Industrieländern durchgeführt. Vgl. o.V.: [Projektfinanzierungen], 1987. In einer analogen Konklusion bemerkt Lee: "Project finance teams now split the world in two, between developed and non-developed countries. They infinitely prefer to do business in the developed world." Vgl.

2.4.2. Maßnahmen der Kreditsicherung bei Projektfinanzierungen

Ausgehend von einem für die Fremdkapitalgeber hinreichenden cash flow und erträglichen Risikowerten des Projektes hängt die Kreditentscheidung zusätzlich ab von der Bereitschaft und Fähigkeit der Projektsponsoren und dritter Beteiligter zu der Übernahme von Einzelrisiken sowie der Möglichkeit der Kontrolle und Mitsprache durch die Kreditgeber.[39]

Zur Kreditsicherung wird daher von den Kreditgebern der Abschluß folgender Verträge als Kreditbedingung festgelegt:[40]

- Joint Venture-Vertrag
- Garantien
- Abnahmeverträge
- Zulieferverträge
- Versicherungsverträge

Darüber hinaus erfolgt eine Festschreibung von Kontroll- und Mitspracherechten der Kreditgeber.

Im folgenden sind die genannten Verträge und vertraglichen Regelungen in ihrer inhaltlichen Gestaltung darzustellen.

Lee, Peter: [Pet Projects], 1991, S. 46.

[39] Vgl. Grosse, Paul B.: [Projektfinanzierung], 1990, S. 45 ff zur cash flow-Analyse und Linden, Eike v.d.: [Projektprüfung], 1985, S. 65 ff zur Risikoanalyse bei Projektfinanzierungen.

[40] o.V.: [Project Finance], 1991, S. 32; die Erfüllung der Kreditbedingungen lassen die Verpflichtung der Darlehensgeber zur vereinbarungsgemäßen Auszahlung der Darlehenssumme entstehen. Vgl. Stockmayer, Albrecht: [Kreditsicherung], 1982, S. 118.

2.4.2.1. Joint Venture-Vertrag

Unerläßlicher Bestandteil der Kreditbedingungen ist der Abschluß eines Joint Venture-Vertrages.[41] Hinsichtlich der inhaltlichen Gestaltung kann auf die obige Erörterung der Vertragsstruktur und der Rechtsform des Projektes verwiesen werden.[42] Wesentlicher Aspekt des Joint Venture-Vertrages in diesem Zusammenhang ist die Zuführung von Eigenkapital und die davon ausgehende Beschränkung des Ausfallrisikos für die Kreditgeber.[43] Eine eingehende analytische Betrachtung der Bedeutung des Joint Venture-Vertrages für die Kreditgeber erfolgt im weiteren Verlauf dieser Arbeit.[44]

2.4.2.2. Garantien

Garantien bezeichnen allgemein eine Verpflichtung, die eine andere Person als der Kreditnehmer zugunsten des Gläubigers zur Sicherung von dessen Ansprüchen eingeht.[45] Sie haben die Aufgabe, potentielle Verluste durch einen Garantiegeber zugunsten eines Dritten abzusichern.[46]

Im Garantievertrag wird der vom Garanten zu übernehmende Garantiefall bestimmt, die Begrenzung der Höhe und die Dauer der Verpflichtung sowie die Beendigungstatbestände festgeschrieben.[47] Die Ausgestaltung einer Garantie unterliegt der Vertragsfreiheit. Sie kann sich in ihrer Ausformung sowohl der Bürgschaft als auch einem abstrakten Schuldversprechen annähern. Gewöhnlich ähnelt die Garantie wirtschaftlich betrachtet einer Bürgschaft, da sie eine subsidiäre Haftung gewährt, die primäre Haftung also beim Kreditnehmer verbleibt.[48]

---

[41] Stockmayer, Albrecht: [Kreditsicherung], 1982, S. 129; Rieger, Harald: [Juristische Aspekte], 1990, S. 63.

[42] Vgl. Kapitel 2.3.2.

[43] Abolins, Karlis I.: [Joint Venture-Finanzierungen], 1984, S. 253.

[44] Vgl. Kapitel 5.3.3.1.1.

[45] Hinsch, Ludwig C.; Horn, Norbert: [Vertragsrecht], 1985, S. 103.

[46] Frank, Hermann: [Project Financing], 1986, S. 171.

[47] Stockmeyer, Albrecht: [Kreditsicherung], 1982, S. 161.

[48] Jährig, Albrecht et al.: [Handbuch der Kreditwirtschaft], 1989, S. 159 ff.

Ein typischer Fall der Garantievergabe bei Projektfinanzierungen betrifft das Fertigstellungsrisiko.[49] Aus der Sicht der Kreditgeber gehört es zu den größten Risiken einer Projektfinanzierung: "A half-completed pipeline on the bottom of the North Sea or an unworkable aluminium smelter in some out-of-the- way part of the world have little resale value."[50] Eine Fertigstellungsgarantie ist eine Verpflichtung, die in der Regel die Projektträger zugunsten der Kreditgeber zur Sicherung von deren Ansprüchen eingehen.[51] Der Haftungsfall für den Garanten tritt dann ein, wenn das ursprünglich vorgesehene Investitionsvolumen ("cost overrun risk") oder der vereinbarte Zeitpunkt der Betriebsaufnahme ("delay risk") überschritten wird, ohne daß das Projekt fertiggestellt ist.[52] Durch seine Bonität sichert der Garant die Rückzahlung der gewährten Kredite bei Überschreitung des vereinbarten Zeitrahmens zu und/oder verpflichtet sich, für die Gesamtfinanzierung auch bei Kostenüberschreitungen einzustehen.

Wegen des sehr weitreichenden Umfangs einer Fertigstellungsgarantie einerseits, und den bei der Projekterstellung häufig unüberschaubaren Risiken andererseits werden häufig Abmachungen getroffen, die die Verpflichtungen des Garanten beschränken. So können beispielsweise Nachschußklauseln vereinbart werden, die zusätzliche Kredite für den Fall bewilligen, daß die Kostenplanwerte überschritten werden.

2.4.2.3. Abnahmeverpflichtungen

Ein weiteres Instrument zur Sicherung des Projektkredits ist der Abschluß von Abnahmeverträgen, die den Abnehmer langfristig und unwiderruflich zum Kauf der Projektprodukte verpflichten[53]. Damit wird das Entstehen eines

---

49 Schmitt, Wolfram: [Projektfinanzierung] 1989, S. 198.

50 Hall, William: [World of Project Finance], 1976, S. 75.

51 Darüber, was unter Fertigstellung genau zu verstehen ist, muß eine vertragliche Abmachung getroffen werden. Siehe ausführlich dazu Belka, Hans-G.: [Bergbauprojekte], 1983, S. 91.

52 Hinsch, Ludwig C.; Horn, Norbert: [Vertragsrecht], 1985, S. 252.

53 Juristisch betrachtet zählen Abnahmeverpflichtungen nicht zu Garantien, stehen wirtschaftlich aber in der Regel Zahlungsgarantien gleich. Vgl. Hinsch, Ludwig C.;

cash flow begründet. Je nach Ausgestaltung dieser Verträge kann damit auf den Abnehmer ein ganzes Bündel von Risiken übertragen werden[54].

Die weitestgehende Abnahmeverpflichtung beispielsweise ist ein take-or-pay-Vertrag, der in seiner Wirkung einer unbedingten Zahlungsgarantie gleichkommt. Der Abnehmer verpflichtet sich zur Zahlung des Gegenwertes bestimmter Produktmengen zu einem bestimmten Preis unabhängig davon, ob die Projektgesellschaft ihm diese Produkte auch liefern kann. Eine solche Abmachung führt zu einer Übernahme nicht nur des Marktrisikos, sondern auch des force-majeure- und des Betriebsrisikos. Der Abnehmer hat also nicht nur bei Abnahmeunwilligkeit zu zahlen, sondern auch im Falle von Lieferstörungen durch Verschulden der Projektgesellschaft oder durch höhere Gewalt[55].

Das Interesse der Abnehmer zum Eingehen in langfristige Abnahmeverträge liegt in der Sicherstellung der Versorgung mit dem betreffenden Produkt, insbesondere wenn sie die Rohstoff- oder Energiebasis sichern[56]. Allerdings wird es zum Abschluß von take-or-pay-Verträgen nur in solchen Fällen kommen, in denen der Abnehmer, z.B. über eine von ihm kontrollierte Gesellschaft, das Projekt nahezu lückenlos beherrschen kann.[57]

Horn, Norbert: [Vertragsrecht], 1985, S. 251 und S. 254.

54 Zu den Ausgestaltungsmöglichkeiten von Abnahmeverträgen siehe ausführlich Nevitt, Peter K.: [Project Financing], 1989, S. 278-290.

55 Schmitt, Wolfram.: [Projektfinanzierung], 1989, S. 204.

56 Hinsch, Ludwig C.; Horn, Norbert: [Vertragsrecht] 1985, S. 253.

57 Hartshorn, Timothy.; Busink, Nick: [Projektfinanzierung], 1987, S. 237.

In der Praxis der Projektfinanzierung treten Abnahmeverträge meistens in abgeschwächter Form auf. Betriebs- und force-majeure-Risiken werden häufig nicht übernommen und müssen dann anderweitig alloziiert werden.[58] Die Wirksamkeit von Abnahmeverträgen hängt von der Vertragstreue der Abnehmer ab. Diese kann durch unvorhergesehene Entwicklungen, beispielsweise durch wirtschaftliche Schwierigkeiten, in die der Abnehmer gerät, gefährdet werden. Wie bei der Garantie wird die Qualität einer Abnahmeverpflichtung insbesondere durch die Bonität des Abnehmers bestimmt.[59]

2.4.2.4. Zulieferverpflichtungen

Zulieferverpflichtungen werden abgeschlossen im Falle einer hohen Abhängigkeit des Projektes von der Lieferung bestimmter Produkte zu einem bestimmten Preis. Beispiele für solche Güter können Gas, Öl, Elektrizität oder bestimmte Erze sein. Put-or-pay- oder deliver-or-pay-Verträge können zu einem Abbau dieses Zulieferrisikos und damit zur Finanzierbarkeit des Projekts beitragen.[60]

2.4.2.5. Versicherungsverträge

Wichtig für die Kreditsicherheit sind weiterhin Versicherungen, und zwar sowohl Sachversicherungen als auch Versicherungen gegen politische Risiken, wie sie von öffentlichen Versicherern im Rahmen der Exportfinanzierung gewährt werden.

Eine von den Kreditgebern gestellte Kreditbedingung kann in dem Abschluß von bestimmten Sachversicherungen bestehen. Zu nennen sind hier beispielhaft Versicherungen gegen Feuer, Beschädigung und Betriebsunterbrechung.[61]

---

58 Schmitt, Wolfram: [Projektfinanzierung] 1989, S. 203.
59 Heintzeler, Frank: [Projektfinanzierung], 1985, S. 17.
60 Nevitt, Peter K.: [Project Financing], 1989, S. 278.
61 Nevitt, Peter K.: [Project Financing], 1989, S. 91.

- 19 -

Politische Risiken können durch den Abschluß entsprechender Verträge mit privaten Versicherungsgesellschaften oder durch Beteiligung staatlicher oder multilateraler Institutionen, deren Rolle in der Förderung von Export, Handel oder der allgemeinen wirtschaftlichen Entwicklung der Gastländer besteht, an der Projektfinanzierung erreicht werden.[62]

2.4.2.6. Festschreibung von Kontroll- und Mitspracherechten der Kreditgeber

Kontroll- und Mitspracherechte ergeben sich aus den Kreditbedingungen ("lending conditions") sowie den im Kreditvertrag festgeschriebenen Auflagen ("covenants"). Hinsichtlich ihrer Sicherungswirkung ergibt sich die Unterscheidung zwischen Kreditbedingungen und -auflagen aufgrund ihrer jeweils unterschiedlichen zeitlichen Inanspruchnahme.[63] Während in den Kreditbedingungen die wesentlichsten Maßnahmen der Sicherheitenstruktur einer Projektfinanzierung vor Vollendung der Produktionsanlage festgeschrieben sind, übernehmen Projektauflagen die Sicherungsfunktion nach Fertigstellung des Projekts.[64]

Innerhalb der Kreditbedingungen bewirken insbesondere Kreditverwendungs- und Auszahlungsbedingungen einen Kontrollanspruch der Kreditgeber. Bei den Kreditauflagen sind die Kapitalstrukturauflagen, die Verfügungsbeschränkungen sowie die Informations- und Inspektionsrechte der Kreditgeber in diesem Zusammenhang relevant. Nachfolgend seien die genannten vertraglichen Regelungen bezüglich ihrer inhaltlichen Gestaltung dargestellt.

---

[62] Einige dieser staatlichen Einrichtungen, die eine solche Risikoabdeckung anbieten, sind: USA - The Overseas Private Insurance Company - OPIC; Groß-Britannien - The Export Credit Guarantee Department - ECGD; Frankreich - Compagnie Française d'Assurance pour le Commerce Exterieur - COFACE; Deutschland - Treuarbeit AG, Hermes Kreditversicherungs-AG; Japan - Export Insurance Division, Ministry of International Trade and Industry - EID/MTI; Korea - The Export-Import Bank of Korea - EIBK. Die Weltbank (für Projekte des öffentlichen Sektors), die International Finance Corporation (für Projekte des privaten Sektors) und regionale Entwicklungsbanken, wie die Europäische Investitionsbank oder die Asian Development Bank unterstützen Projekte in Entwicklungsländern und strukturschwachen Regionen. Vgl. o.V.: [Finance], 1989, S. 117 ff.

[63] Stockmayer, Albrecht: [Kreditsicherung], 1982, S. 134.

[64] Stockmayer, Albrecht: [Kreditsicherung], 1982, S. 132.

• Kreditverwendungs- und Auszahlungsbedingungen

Bedingung für die Auszahlung der Darlehenssumme bzw. der vereinbarten
Teilbeträge ist der Nachweis des Abschlusses der in den Finanzierungsbe-
dingungen vorausgesetzten Verträge, Zusicherungen und Genehmigungen.
Vor der ersten Auszahlung muß das Projektunternehmen darüber hinaus die
Zusicherung abgeben, die Darlehensbeträge nur für den vereinbarten Ver-
wendungszweck auszugeben.[65]

• Kapitalstrukturauflagen

Ziel der Kapitalstrukturauflagen ("financial covenants") ist es, das Existenzrisiko des Projekts in dem bei Abschluß des Kreditvertrages vereinbarten
Rahmen zu halten. Dabei werden die Anforderungen, die an die Kreditwürdigkeit eines Kreditnehmers gestellt werden, in Auflagen festgeschrieben, deren Einhaltung die vereinbarungsgemäße Erfüllung des Darlehensvertrages
garantiert. Kapitalstrukturauflagen zerfallen in solche, die die Liquidität der
Schuldner sicherstellen sollen (etwa die Festlegung einer Mindesthöhe für
working capital oder Umlaufvermögen), und solche, die die Zusammensetzung der Kapitalquellen betreffen (etwa die Festsetzung eines maximalen
Verschuldungsgrades).

• Verfügungsbeschränkungen

Verfügungsbeschränkungen treten in Form von Gewinnverwendungsauflagen sowie Auflagen auf, die die Veräußerung und Belastung von Vermögen
betreffen. Mitspracherechte ergeben sich dabei insbesondere aus Auflagen,
die die Verfügung des Kreditnehmers über Teile des Anlage- oder Finanzvermögens an die Zustimmung des Kreditgebers bindet. Durch Festsetzung
von Grenzwerten bei Ausgaben, deren Überschreitung die Zustimmung der
Kreditgeber erforderlich macht, haben diese zumindest teilweise die Möglichkeit zu einer Budgetkontrolle.[66]

---

65   Stockmayer, Albrecht: [Kreditsicherung], 1982, S. 131.
66   Stockmayer, Albrecht: [Kreditsicherung], 1982, S. 140.

• Informationspflichten und Inspektionsrechte

Die Informationspflichten des Darlehensnehmers beziehen sich auf die periodisch wiederkehrende Vorlage von Bilanzen, Gewinn- und Verlustrechnungen sowie von Geschäftsberichten. Der Kreditnehmer muß sie binnen einer bestimmten Frist nach Ende der Rechnungsperiode vorlegen. Darüber hinaus besteht die pauschal formulierte Pflicht, dem Kreditgeber alle solchen Informationen zugänglich zu machen, die für ihn von Interesse sein können.

Im Falle des Vertragsbruchs ("default") oder unvorhergesehener Schwierigkeiten bei der Durchführung der Projektfinanzierung behalten die Kreditgeber sich i.d.R. das Recht vor, die Geschäftsleitung der Projektgesellschaft durch Bestellung eines Managements eigener Wahl zu übernehmen.[67]

Inspektionsrechte werden i.d.R. nur dann vereinbart, wenn sie zur Überwachung von Auflagen erforderlich sind. Dies ist bei Finanzierungen durch die Weltbank der Fall, wenn Kreditverwendungsbedingungen und in Sonderheit Beschaffungsbedingungen kontrolliert werden sollen. Die Weltbank behält sich dann das Recht vor, durch beauftragte Personen Einblick in die Geschäftsbücher zu nehmen. Den Beauftragten steht auch das Recht zu, das Projektgelände zu betreten und dort die Gegenstände aufzusuchen und zu überprüfen, die mit dem Darlehen in Zusammenhang stehen.[68]

2.4.3. Beteiligte einer Projektfinanzierung

Aus der Darstellung der Sicherheitenstruktur ergibt sich, daß über das Kreditverhältnis zwischen der Projektgesellschaft und den Kreditgebern Versicherungen als weitere Beteiligte zur Darstellung einer Projektfinanzierung vonnöten sind.[69] Darüber hinaus sind zur Regelung der komplexen Ver-

---

67   Roberts, M. J. D.: [Energy related Project Finance], 1983, S. 23.

68   Stockmayer, Albrecht: [Kreditsicherung], 1982, S. 140.

69   Zu den Beteiligten an einer Projektgesellschaft vgl. Kapitel 2.3.1.

tragsbeziehungen Financial Advisor, Projekt Consultants sowie Rechtsanwälte erforderlich.[70] Die Aufgabe der Financial Advisor liegt in der optimalen Strukturierung des Finanzierungspaketes für die Projektträger. Dies impliziert eine intensive Beratung, insbesonders bei der wirtschaftlichen und steuerlichen Bewertung des Projektes und der Finanzierungsangebote. Der unabhängige Projekt Consultant prüft die Ergiebigkeit der Rohstoffvorkommen, arbeitet technische Lösungen für die zu errichtende Anlage aus, studiert die technische und wirtschafliche Durchführbarkeit eines Projektes, legt das Pflichtenheft fest, führt die Abschreibung durch und übernimmt die Überwachung der Bauarbeiten.[71]

2.4.4. Projektphasen und Risikoallokation

Im zeitlichen Ablauf der Durchführung sind bei jedem Projekt verschiedene Phasen zu unterscheiden, die sich nach Art und Umfang der dabei zu übernehmenden Risiken deutlich unterscheiden und damit auch in der Art ihrer Finanzierbarkeit. Zu trennen sind die folgenden drei Phasen:[72]

- Projektierungsphase
- Errichtungsphase
- Betriebsphase

Die Projektierungsphase umfaßt die Projektselektion, die Angebotsbearbeitung und Projektkonzeption. Je nach Größe und Komplexität des Projekts kann diese Phase mehrere Jahre andauern und sehr kostenintensiv sein. Die Risiken für potentielle Kapitalgeber in dieser Entwicklungsphase entsprechen denen bei einer Gründungsfinanzierung ("seed financing").[73] Aufgrund des Wettbewerbs - etwa zwischen verschiedenen Anlagenherstellern - besteht zunächst Unsicherheit darüber, ob ein Angebot zur Durchführung eines Projektes angenommen wird. Weiterhin können Unsicherheiten hinsichtlich der

---

70   Abitzsch, Sven: [Raumfahrtgroßprojekte], 1989, S. 10.
71   Funk, Joachim: [Sonderformen], 1988, S. 425.
72   Frank, Hermann: [Project Financing], 1986, S. 142.
73   Beidleman, Carl R. et al. : [Essence of Project Finance], 1990, S. 49.

technologischen Durchführbarkeit und/oder der vorhandenen, für die Projekt-durchführung notwendigen Rohstoffreserven bestehen, die erst einer einge-henden fachlichen Untersuchung bedürfen. Die genannten Unsicherheiten erweisen sich für Fremdkapitalgeber als prohibitiv hoch. Folglich ist eine Ei-genkapitalfinanzierung durch die Projektträger und evtl. durch Venture-Capi-tal-Gesellschaften typisch für diese Phase.[74]

Risiken in der Bauphase bestehen insbesondere hinsichtlich von Kosten-überschreitungen und der Nichteinhaltung von geplanten Fertigstellungster-minen. Diese erweisen sich um so gewichtiger, je höher das geplante Finan-zierungsvolumen ist und je länger sich die geplante Finanzierungsdauer er-weist. Bei entsprechendem Einschuß von Eigenmitteln sowie der Übernahme der genannten Risiken durch Sponsoren und/oder interessierte Dritte sind Fremdkapitalgeber jedoch zu einer Finanzierung bereit, zumeist in Form ei-nes langfristigen Investitionskredites.[75]

Wesentliches Risiko in der Betriebsphase besteht in einem nur ungenügend vorhandenen cash flow zur Befriedigung der Kapitalgeber. Um dieses Risiko auszuschließen, besteht eine Finanzierungsbedingung der Fremdkapitalge-ber in der Übernahme einer Abnahmeverpflichtung durch einen Projektspon-sor und/oder durch einen dritten Beteiligten.[76] Auf diese Weise wird ein konti-nuierlicher Projekt-cash flow zugesichert, der eine Rückführung des Investi-tionskredites in der Betriebsphase gewährleistet.[77]

Festgehalten werden kann, daß Projektfinanzierungen zur Darstellung sol-cher Projekte relevant sind, die neben einem ausreichenden cash-flow eine den Projektrisiken angemessene Eigenmitteleinlage sowie eine Rückgriffs-möglichkeit auf Sponsoren und/oder dritte Projektbeteiligte in genau be-stimmten Einzelfällen aufweisen.[78]

---

74 Hinsch, Ludwig C.; Horn, Norbert: [Vertragsrecht], S. 207; Breuel, Birgit: [Venture], 1988, S. 583.

75 Herger, Hanspeter: [Finanzierung von Eisenbahngroßprojekten], 1991, S. 85.

76 Fieten, Robert: [Financial Engineering], 1985, S. 189.

77 Forrester, J. Paul; Coles, Ian R.; Wexler, Thomas C.: [Project Finance], 1992, S. 106.

78 McKechnie, Gordon: [Limited Recourse Finance], 1987, S. 269.

Daraus kann abgeleitet werden, daß Projektfinanzierung nicht als unabhängiges Finanzierungsinstrument anzusehen ist, sondern als Finanzierungsmethode, deren Ausgestaltung abhängig ist von den Eigenschaften des Projektes.[79]

2.5. Literaturüberblick

Projektfinanzierung ist seit der zweiten Hälfte der 70er Jahre ein vielbehan-
deltes Thema in der Literatur. Inhaltlich bewegen sich diese Arbeiten in ihrer
großen Mehrheit auf der Ebene der Handlungsanleitung zur Durchführung
von Projektfinanzierungen. Ansätze zu einer ökonomischen Analyse finden
sich jedoch nur selten. Im folgenden sollen vier Arbeiten vorgestellt werden,
die sich um eine präzise Bestimmung ökonomischer Erklärungsgrößen für
Projektfinanzierung bemühen: Perille/Saathoff, 1978; Mao, 1982;
Sha/Thakor, 1987; John/John, 1991.[80] Aufgenommen werden soll darüber
hinaus ein Ansatz von Williamson, 1988, der die Finanzierungsstruktur bei
Projektfinanzierungen zu erklären versucht.

2.5.1. Perille/Saathoff: Why not Project Financing? (1978)[81]

• Aussagen

Der Aufsatz von Perille/Saathoff gehört zu den ersten Arbeiten zum Thema
Projektfinanzierung.[82] Die Autoren waren zu dieser Zeit Mitarbeiter bei der

---

79 Grosse, Paul B.: [Finanzierung von Großprojekten], 1986.

80 Interessanterweise entstammen alle Aufsätze der amerikanischen Literatur. Eine
mögliche Erklärung für diesen Tatbestand ist die längere Erfahrung in diesem
Länderbereich mit Projektfinanzierung gegenüber Westeuropa, die möglicherweise
den Blick eher frei machte von einer deskriptiven zu einer erklärenden Betrachtung zu
gelangen.

81 Die nachfolgenden Ausführungen beziehen sich auf den Aufsatz von Perille, S. James;
Saathoff, Frederick J.: Why not Project Financing, Management Accounting, Oktober
1978, S. 13-22.

82 Die Behandlung der Projektfinanzierung in der Literatur begann in der zweiten Hälfte
der siebziger Jahre. Vgl. die Arbeiten von: Ahalt, Gorden F.: [the oil industry uses

Standard Oil Co. in Chicago. Neben einer vornehmlich deskriptiven Darstellung der Möglichkeiten von Projektfinanzierungen bei der Erschließung von Gas- und Ölvorkommen liefern sie erste Elemente für die ökonomische Erklärung dieses Finanzierungsansatzes. Kennzeichnendes Merkmal der "Projektfinanzierung" ist für sie deren "stand alone nature" im Gegensatz zu dem "corporate pool" konventionell finanzierter Investitionsvorhaben. Wegen der "stand alone nature" von Projekten - also deren Charakter einer rechtlich und wirtschaflich selbständigen Unternehmenseinheit - haben die Kapitalgeber bei Projektfinanzierungen größere Kontrollmöglichkeiten hinsichtlich der Verwendung ihrer Mittel. Ex post Informationsasymmetrien zwischen Kapitalgebern und -nehmern werden abgebaut. Hinsichtlich der Informationsverteilung werden daher tendenziell Vorteile der Projektfinanzierung gegenüber der traditionellen Finanzierung eines "corporate pool" gesehen.[83]

Ein weiterer Erklärungsansatz für Projektfinanzierung ergibt sich nach Perille/Saathoff aus deren Joint Venture-Struktur. Eigenkapital wird dadurch in einer Höhe zusammengeführt, die das Eigenfinanzierungspotential jedes einzelnen Beteiligten überschreitet. Dadurch werden Finanzierungen mit hohem Volumen und/oder hohem Risikogehalt darstellbar. Projektfinanzierung erhöht so die Effizienz des Kapitalmarktes, da es die Finanzierung größerer, mit herkömmlichen Finanzierungsinstrumenten nicht darstellbarer Projekte ermöglicht bzw. eine Finanzierung von Projekten gestattet, die wegen ihres hohen Risikogehalts anderweitig nicht realisierbar sind.

• Bewertung

Als wesentlicher Erklärungsbeitrag ist die These anzusehen, daß Projektfinanzierungen ex post Informationsasymmetrien abbauen zwischen Kapitalgebern und -nehmern. Sie wird in den in dieser Arbeit vorzutragenden agen-

---

project finance], 1977, S. 61-63; Castle, Grover R.: [Project Financing], 1975, S. 14-30; Fowler, Theodore V.: [Big business for banks], 1977, S. 49-61; Hall, William: [fashionable world of project finance], 1976, S. 71-77; Harrison, David H.A.: [a silver lining for commercial banks], 1975, S. 78-82; Marple, Allen C.: [What is project finance], 1977, S. 47-49; McAlpine, Robert D.C.: [Financing of Capital Projects], 1977, S. 63-71.

[83] Vgl. in analoger Argumentation Abolins, Karlis I.: [Joint Venture Finanzierungen], 1984, S. 255.

cy-theoretischen Erklärungsansatz der Projektfinanzierung eingeordnet werden können.[84]

Auch die These, wonach durch Projektfinanzierungen eine höhere Effizienz der Kapitalmärkte erreichbar sei, wird in dieser Arbeit vertieft werden. Sie impliziert, daß für alle Projektbeteiligten Vorteile an der Beteiligung an dieser speziellen Vertragsstruktur bestehen. In dieser Arbeit wird der Versuch gemacht, explizit die Bedingungen zu beschreiben, bei denen sich für die einzelnen Beteiligten eine Projektstruktur gegenüber alternativen institutionellen Regelungen als vorteilhaft erweist.[85]

2.5.2. Mao (1982): Project Financing: Funding the Future[86]

• Aussagen

Mao untersucht in seinem Aufsatz die Frage, warum es zur Wahl von Projektfinanzierungen kommt und führt dabei die von Perille/Saathof vorgebrachten Vorteile der stand-alone-nature bei Projektfinanzierungen weiter aus. Er postuliert die These, daß der Gegenwartswert großer Kapitalprojekte - er nennt als Beispiele Pipelines und Raffinerien - dargestellt mit einer Projektfinanzierung höher ist als mit alternativen Finanzierungskonzepten. Begründet liegt dieser höhere Gegenwartswert in der größeren Fremdfinanzierungskraft, die durch die Einrichtung einer wirtschaftlich und rechtlich selbständigen Unternehmenseinheit erreicht wird. Im Falle einer Projektdurchführung innerhalb eines bestehenden Unternehmensrahmens hat das Management die Möglichkeit, den durch das Projekt generierten cash-flow in anderen Divisionen einzusetzen. Im Falle einer Einrichtung einer selbständigen Unternehmenseinheit als organisationeller Rahmen für das Projekt besteht dagegen diese Möglichkeit nicht. Den Fremdkapitalgebern kann damit glaubhaft ein bevorzugter Anspruch auf den erwarteten cash flow des Projektes für die

---

84   Vgl. Kapitel 5.3.

85   Vgl. Kapitel 4.2.

86   Die nachfolgenden Ausführungen beziehen sich auf den Aufsatz von Mao, James
      C.T.: Project Financing: Funding the Future, Financial Executive, August 1982, S. 23-
      28.

Befriedigung ihrer aus der Kreditbegebung resultierenden Ansprüche zugesichert werden.

Durch die Ausgliederung des Projektes wird mithin ein glaubhafter Schutz der Kreditgeber vor dem Verhaltensrisiko der Kreditnehmer erreicht, den cashflow einzelner Projekte zu vermischen und so der Kontrolle durch die Kreditgeber hinsichtlich der Verwendung zu entziehen. Diese werden daher zu einer höheren Kreditvergabe pro Geldeinheit der Projektaktiva sowie zu einem niedrigeren Zinssatz bereit sein. Größeres Fremdfinanzierungspotential und niedrigere Kosten sind daher nach Mao die Hauptgründe für eine Darstellung von großen kapitalintensiven Investitionen mit Hilfe des Projektfinanzierungskonzepts.

• Bewertung

Ausgangspunkt der Überlegungen von Mao ist eine Informationsasymmetrie zwischen Kreditgebern und Kreditnehmern hinsichtlich der Verwendung des erwarteten cash flows. Projektfinanzierung mit seiner rechtlichen und wirtschaftlichen Ausgliederung des Projektes aus bestehenden Unternehmensverbünden leistet einen Beitrag, diese Informationsasymmetrien abzubauen. Dieser Ansatz kann in die agency-theoretische Sicht, aus der heraus die Vertragsstruktur von Projektfinanzierungen in dieser Arbeit analysiert wird, eingefügt werden.[87]

Kritik gegen den von Mao vorgebrachten Ansatz muß sich dagegen richten, daß güterwirtschaftliche Aspekte - die Einrichtung einer Joint Venture-Struktur als Voraussetzung einer Projektfinanzierung - völlig außer acht gelassen werden. Ein umfassendes Verständis der Finanzierungsmethode einer Projektfinanzierung, die - wie gezeigt - sich erst aus einer gegebenen Projektstruktur ergibt, kann damit nicht erreicht werden.[88]

---

[87] Vgl. Kapitel 5.3.
[88] Vgl. Kapitel 2.4.4.

2.5.3. Sha/Thakor (1987): Optimal Capital Structure and Project Financing[89]

• Aussagen

Die Arbeit von Sha/Thakor behandelt die Fragen, wie ein Investitionsvorhaben - ob mit Eigen- oder Fremdkapital - finanziert werden soll und ob es innerhalb eines bestehenden Unternehmensrahmen durchgeführt - d.h. konventionell finanziert - oder ausgegliedert - d.h. projektfinanziert - werden soll. Die Beantwortung der ersten Frage erfordert die Ableitung einer Theorie der optimalen Kapitalstruktur, die der zweiten Frage eine Theorie der Projektfinanzierung. Projektfinanzierung wird dabei definiert als eine Vertragsstruktur, bei der ein oder mehrere Sponsoren ein Investitionsvorhaben als rechtlich selbständige Einheit einrichten. Unter Sponsoren werden diejenigen Projektbeteiligten verstanden, die die Eigenkapitaleinlage einer Projektfinanzierung erbringen sowie das Management des Projektes übernehmen.

Durch die rechtliche Ausgliederung wird der cash flow des Projekts von den bestehenden Unternehmenseinheiten der Sponsorunternehmen getrennt. Das Projekt ist damit weitgehend unabhängig von deren Unterstützung. Angenommen wird, daß die Fremdkapitalgeber keinen Rückgriff auf die Sponsoren nehmen können, sondern ausschließlich auf den cash flow des Projektes zur Rückzahlung der projektverbundenen Fremdkapitalverpflichtungen vertrauen müssen.

Aus der Sicht der Kreditgeber stellt sich mithin der Unterschied zwischen konventioneller Finanzierung und Projektfinanzierung wie folgt dar: wenn konventionelle Finanzierung zum Einsatz kommt, wird ein Investitionsvorhaben als Teil des Unternehmens betrachtet. Die Bewertung des Investitionsvorhabens basiert dann auf der Kreditwürdigkeit des Gesamtunternehmens, nachdem das Vorhaben entschieden wurde, und nicht auf der Verteilung des erwarteten cash flow des Investitionsvorhabens an sich. Wird dagegen eine Projektfinanzierung dargestellt, ist die Bewertung der Fremdkapitalgeber

---

89 Die nachfolgenden Ausführungen beziehen sich auf den Aufsatz von Sha, Salman; Thakor, Anjan V.: Optimal Capital Structure and [Project Financing], Journal of Economic Theory, 42, 1987, S. 209-243.

ausschließlich an die Fähigkeit des Projekts geknüpft, einen eigenen cash flow zu generieren.

Die von Sha/Thakor vorgebrachte Theorie zur optimalen Kapitalstruktur basiert auf der Existenz von Unternehmenssteuern und asymmetrischen Informationen zwischen Fremdkapitalgebern und Sponsoren bezüglich des Risikos einer geplanten Investition. Gezeigt werden kann, daß jedes Unternehmen bei der Finanzierung von Investitionsvorhaben eine bestimmte Mischung von Fremd- und Eigenkapital einsetzen wird trotz der Existenz von Unternehmenssteuern und trotz der Abwesenheit von Kosten der Insolvenz. Gezeigt werden kann ferner, daß der Wert bestimmter Investitionsvorhaben durch Ausgliederung maximiert wird. Schließlich folgt aus dem Modell, daß ausgegliederte Projekte sich gegenüber konventionell finanzierten Investitionsvorhaben durch einen höheren Verschuldungsgrad auszeichnen.

Folgende Hypothesen zur Erklärung von Projektfinanzierung werden abgeleitet:

- Je stärker der Risikogehalt eines neuen Investitionsvorhabens den als Durchschnittswert ermittelten Risikogehalt des restlichen Unternehmens übersteigt, desto stärker wird für die Unternehmensleitung der Anreiz zur Projektfinanzierung, d.h. zur Einrichtung einer rechtlich selbständigen Projektgesellschaft. Diese Hypothese folgt aus der Modellierung einer optimalen Kapitalstruktur.[90] Bei einem ex post-Vergleich zwischen Projektfinanzierungen und mehrdivisionalen Unternehmungen würde daher von den Ersteren erwartet werden, daß sie risikobehafteter und höher verschuldet sind.[91]

---

90   Sha, Salman; Thakor, Anjan V.: [Project Financing], 1987, S. 215 ff.

75   Sha, Salman; Thakor, Anjan V.: [Project Financing], 1987, S. 232.

- Zum anderen wird formuliert, daß bei der Existenz von Informationskosten der Anreiz zur Projektfinanzierung zunimmt,[92] je größer die Unternehmung, d.h. je mehr Divisionen eine Unternehmung umfaßt. Aus dieser Hypothese folgt, daß gerade Großunternehmen, die eine große Anzahl verschiedener Divisionen aufweisen, eine Präferenz für Projektfinanzierungen zeigen.

- Bewertung

Der Beitrag von Sha/Thakor besteht wie bei Mao darin, die Bedeutung der ungleichen Informationsverteilung zwischen Kreditgebern und -nehmern als eine Ursache für die Entstehung von Projektfinanzierung erkannt zu haben. Die mit der Projektfinanzierung verbundene rechtliche Ausgliederung wird als der rationale Versuch angesehen, die sich aus den Informationsasymmetrien ergebenden allokativen Verzerrungen zu minimieren. Im Unterschied zu Mao, der in seinem Ansatz von ex post Informationsasymmetrien zwischen Kreditgebern und -nehmern ausgeht, basiert die Arbeit von Sha/Thakor jedoch auf ex ante Informationsasymmetrien, die durch Informationsbeschaffungsmaßnahmen der Kreditgeber oder durch Selbstoffenbarung der Kreditnehmer abgebaut werden können.

Der Verfasser steht jedoch den von Sha/Thakor abgeleiteten Hypothesen kritisch gegenüber. Zum einen ist die Hypothese, daß Projektfinanzierungen tendenziell höhere Risikogehalte und daraus sich ergebend höhere Verschuldungsgrade aufweisen, durch die empirische Evidenz nicht zu validieren. Ausgehend von 13 ausgewerteten Fallstudien ergibt sich eine Band-

---

92   Informationskosten sind in dem Modell die Kosten der Informationsbeschaffung, die dem Kreditgebern bei ihrer Kreditwürdigkeitsprüfung anfallen. Im Gleichgewicht werden diese Kosten durch die Kreditnehmer getragen. Bei einer Finanzierung der Projekte innerhalb des corporate pool impliziert eine Kreditwürdigkeitsprüfung Informationsbeschaffung über alle Divisionen der Firma. Der Grund dafür liegt in der Möglichkeit des Unternehmens zur Querfinanzierung zwischen den Divisionen. Das Risiko des Projekts hängt daher in diesem Fall ab von den Risiken der anderen Unternehmensdivisionen und umgekehrt.

breite bei der Eigenkapitalquote von 10-33%.[93] In einer allgemeinen Studie werden als für Projektfinanzierungen typische Eigenkapitalquoten 20-40% angegeben.[94] Vergleicht man diese Werte mit den Eigenkapitalquoten von Unternehmen, die in den für Projektfinanzierungen typischen Industriesektoren tätig sind, so ergeben sich für Projektfinanzierungen keine signifikant niedrigeren Werte.[95]

Auch an der zweiten von Sha/Thakor abgeleiteten Hypothese, Projektfinanzierung lasse sich durch Vorteile bei den Kosten der Informationsbeschaffung erklären, müssen aufgrund des empirisch belegbaren Sachverhaltes Zweifel angemeldet werden. Allgemein wird davon ausgegangen, daß die Informationskosten der Kreditgeber bei Projektfinanzierung höher sind als bei der Kreditfinanzierung von bestehenden Unternehmen.[96] Deshalb erscheint es wenig plausibel, die Existenz von Projektfinanzierungen mit komparativen Vorteilen bei der Informationsbeschaffung zu begründen.

Mit dieser Kritik wird auch der zweite Teil der Hypothese, Projektfinanzierung sei insbesondere für Großunternehmen interessant, hinfällig.

---

93   Brady, Simon: [UK Market goes Power Crazy], 1990, S. 13-24; Herger, Hanspeter: [Eisenbahnprojekte], 1990, S. 267 ff; o.V.: [Eurotunnel Rights Issue], 1990, S. 25-27; Norton, Richard: [Project Finance], 1989, S. 35-38; Ferrigno, Joseph W.: [Public and Private] 1988, S. 50-51; Hartshorn, Timothy; Busink, Nick: [Projektfinanzierung], 1987, S. 224-246; Barrett, Matthew: [Project finance], 1986, S. 73-81; Forster, Meinhard: [Unternehmenspolitische Überlegungen], 1985, S. 37-51.

94   o.V.: [Internationale Projektfinanzierung], 1982, S. 6.

95   Albach, Horst: [Finanzierungsregeln], 1988, S. 611.

96   Vgl. dazu Schmitt, Wolfram: [Internationale Projektfinanzierung], 1989, S. 62.

2.5.4. Williamson (1988): Transaktionskostenorientierter Ansatz der Finanzierung

Projekt wird in dieser Arbeit als eine rechtlich und wirtschaftlich selbständige Unternehmenseinheit aufgefaßt. Gefragt wird nach deren optimaler Finanzierungsstruktur.[97] Finanzierungsinstrumente werden dabei als Organisationsstrukturen verstanden derart, daß sie den Kapitalnehmern bestimmte Verhaltensweisen auferlegen. Gezeigt wird, daß sich die Optimalität einer Finanzierungsform durch bestimmte Merkmalsausprägungen der zu finanzierenden Projekte ergibt. Postuliert wird damit die Relevanz güterwirtschaftlicher Eigenschaften für die Art der Finanzierung.[98]

Zur Vereinfachung der Argumentation wird angenommen werden, daß nur zwei Finanzierungsformen - Eigen- und Fremdkapital - existierten und daß alle Projekte jeweils nur durch eine dieser Finanzierungsformen, nicht aber durch eine Kombination beider Instrumente darstellbar seien. Zur Illustration der unterschiedlichen Verwendung dieser Finanzierungsinstrumente wird zunächst davon ausgegangen, daß es nur ein Finanzierungsinstrument gebe: Fremdkapital, das im Modell durch die folgenden, dem Schuldner aufzuerlegenden Regeln gekennzeichnet ist:

- Festgesetzte Zinszahlungen werden in regelmäßigen Intervallen getätigt.
- Das Projekt hat fortdauernd bestimmte Liquiditätsanforderungen einzuhalten.
- Am Fälligkeitstermin erfolgt eine Rückzahlung des Fremdkapitals.
- Im Falle des Forderungsausfalls werden die Fremdkapitalgeber vorrangige Ansprüche auf die in Frage kommenden Vermögensgüter geltend machen.

---

[97] Alle nachfolgenden Ausführungen beziehen sich, wo nichts anderes angegeben, auf den Abschnitt "Project Finance" innerhalb des Aufsatzes: Williamson, Oliver E.: Corporate Finance and [Corporate Governance], Journal of Finance, 43, 3, 1988, S. 567-591.

[98] Vgl. zu einer analogen Argumentation Krahnen, Jan-P.: [Sunk Costs], 1991, S. 205 ff.

Fremdkapital erweist sich als "unforgiving" beim Eintritt von Störungen.[99] Werden die festgelegten Zahlungen von Seiten des Schuldners an den Fremdkapitalgeber nicht eingehalten, kommt es zur Liquidation. Die verschiedenen Fremdkapitalgeber werden dann in dem Ausmaß eine Entschädigung erlangen, wie sich die in Frage kommenden Vermögensgüter als wiederverwertbar erweisen.

Da der Wert der vorrangigen Ansprüche mit dem Grad der Güterspezifität abnimmt,[100] werden die Bedingungen der Fremdkapitalbegebung entsprechend negativ beeinflußt. Konfrontiert mit der Aussicht, daß spezifische Investitionen nur zu ungünstigen Bedingungen finanziert werden können, wäre eine Reaktionsmöglichkeit des Unternehmens, einige der Spezifika der geplanten Investition zugunsten einer höheren Wiederverwertbarkeit zu opfern. Mögliche tradeoffs einer solchen Reaktion wären steigende Produktionskosten oder eine Abnahme der Qualität. Um diese zu vermeiden, müßte eine neue Herrschaftsstruktur erfunden werden, bei der die Kapitalgeber zusätzliches Vertrauen aufbringen. In dem Maße wie dieses möglich wäre, könnten dann wertsteigernde Investitionen in spezifische Güter beibehalten werden.

Als alternatives Finanzierungsinstrument wird daher Eigenkapital erfunden, das mit den folgenden Eigenschaften ausgestattet wird:

- Es trägt einen Residualanspruch sowohl auf die Gewinne als auch die Liquidationserlöse des Unternehmens.
- Es wird für die Lebensdauer des Unternehmens begeben.
- Ein Aufsichtsrat wird eingerichtet mit den folgenden Eigenschaften:

  - wird gewählt von den Aktionären;
  - ernennt und entläßt das Management;
  - entscheidet über die Vergütung des Managements;
  - hat das Recht zur regelmäßigen Information über die Geschäftslage des Unternehmens;

---

99   Williamson, Oliver E.: [Corporate Governance], 1988, S. 580.

100 Zum Konzept der Güterspezifität siehe ausführlich in Kapitel 3.1.2.

- kann für bestimmte Zwecke interne Rechnungsprüfungen autorisieren;
- wird über wichtige Investitionsvorhaben und betriebliche Maßnahmen unterrichtet;
- hat eine Kontrollfunktion gegenüber dem Management.

Eigenkapital in Verbindung mit der Einführung eines Aufsichtsrates entsteht also als ein Instrument zur Reduktion von Kapitalkosten bei Projekten mit beschränkter Wiederverwertbarkeit. Eigenkapital impliziert aufgrund seiner besseren Kontrollmöglichkeiten nicht nur einen besseren Schutz gegenüber Fehlverhalten der Kapitalnehmer, es erweist sich auch als "more forgiving" als Fremdkapital. Williamson führt dazu aus: "Efforts are ... made to work things out and preserve the values of a going concern when maladaptation occurs".[101]

Der Gebrauch von Eigen- und Fremdkapital kann daher als eine Funktion der Güterspezifität beschrieben werden. Bezeichne k dabei einen Index für Güterspezifität, dann gilt für die Fremd- und Eigenkapitalkosten: $D(k)$ und $E(k)$, wobei $D(0) < E(0)$ und $D' > E' > 0$. $D(0) < E(0)$ gilt, weil Fremdkapital aufgrund seiner Regelbestimmtheit eine vergleichsweise einfache Herrschaftsstruktur ist, dessen Einrichtungskosten relativ niedrig sind. Eigenkapital erweist sich dagegen als eine komplexere Herrschaftsstruktur, die eine weitgehende Beteiligung bei der Kontrolle von Projekten vorsieht. Ihre Einrichtungskosten sind deshalb relativ hoch.

Obwohl sowohl Eigen- als auch Fremdkapitalkosten mit steigender Spezifität zunehmen, steigen die Fremdkapitalkosten schneller, weil in manchen Fällen eine Liquidation eintritt - mit den sich daraus ergebenden Kosten der Wiederverwertung bei hoch spezifischen Gütern - oder für die Kapitalnehmer der Bedarf entsteht, sich mit den Fremdkapitalgebern über wertverbessernde Entscheidungen zu einigen, die Eigenkapital als anpassungsfähigere Herrschaftsstruktur leichter treffen kann. Daher ergibt sich $D' > E' > 0$.

---

101   Williamson, Oliver E.: [Corporate Governance], 1988, S. 580.

Es folgt, daß leicht wiederverwertbare Vermögensgüter mit Fremdkapital dargestellt werden, Eigenkapital dagegen eingesetzt wird für schwer wiederverwertbare Vermögensgüter. Sei k^* der Wert für k, bei dem $E(k) = D(k)$. Die optimale Wahl der Finanzierungsform ergibt sich mithin in Funktion der finanzierten Vermögensgüter. Fremdkapital wird für alle jene Projekte eingesetzt, bei denen $k < k^*$, während Eigenkapital für alle Projekte mit $k > k^*$ ausgewählt wird.

• Bewertung

Im Gegensatz zu den übrigen, in diesem Kapitel vorgestellten Analysen geht es in diesem Aufsatz nicht um eine Erklärung der Existenz von Projekten oder Projektfinanzierungen, sondern darum, den Einsatz bestimmter Finanzierungsinstrumente bei Projekten zu erklären. Eigenkapitalfinanzierungen werden mit steigender Spezifität eines Vermögensgutes tendenziell wahrscheinlicher.[102] In dieser Arbeit wird auf die genannten Probleme der Wiederverwertbarkeit von Vermögensgütern in Zusammenhang mit der Sicherungsfunktion gegenüber den Kreditgebern rekurriert. Eine hohe Spezifität der in die Projektgesellschaft eingelegten Vermögensgüter kann von den Kreditgebern als Pfandstellung der Projektträger gewertet werden, die den Anreiz zu opportunistischen Verhalten mindert.[103]

---

[102] Vgl. in analoger Konklusion Rubin, Paul H.: [Managing Business Transactions], 1990, S. 77.

[103] Vgl. Kapitel 5.3.3.1.

2.5.5. Agency-theoretischer Ansatz von John/John (1991)[104]

• Aussagen

Ausgegangen wird in dieser Arbeit von einem Begriffsverständnis der Projektfinanzierung, das die rechtliche und wirtschaftliche Ausgliederung eines Investitionsvorhabens aus einem bestehenden Unternehmensverband in den Vordergrund der Betrachtung rückt. Gefragt wird nach den Bestimmungsgründen, die eine Einrichtung von Projektstrukturen bewirken.

Der Ansatz von John/John baut darauf auf, daß das Fremdkapital gegenüber dem Eigenkapital steuerliche Vorteile besitzt, aber Nachteile aufgrund negativer Anreize für das Management ("corporate insider") aufweist, die in der Höhe der Agency Costs ihren Ausdruck finden. Diese ergeben sich bei John/John aufgrund des erstmals von Myers dargelegten Unterinvestitionsproblems.[105] Myers zeigt, daß Investitionen mit positivem Gegenwartswert bei hoher Verschuldung uninteressant werden können, da ihre Erträge wesentlich den Gläubigern zugute kommen.

Das zugrundegelegte Agency Costs Modell von Myers weist zwei wesentliche Eigenschaften aus:

- Entscheidungsspielraum der "corporate insiders" hinsichtlich der Ausübung von Investitionsentscheidungen.
- eine Agency Beziehung zwischen Kreditgebern und Insidern.[106]

---

104 Die nachfolgenden Ausführungen beziehen sich auf: John, Teresa A.; John, Kose: Optimality of Project Financing: Theory and Empirical Implications in Finance and Accounting, Review of Quantitative Finance and Accounting, 1, 1991, S. 51-74.

105 Myers, Stewart: [Corporate Borrowing], 1977, S. 147 ff.

106 Vgl. zur Charakterisierung einer Agency-Beziehung Kapitel 3.2.

Die nachfolgende Zeitreihe beschreibt die Reihenfolge der Ereignisse und Entscheidungen, wie sie dem Modell von John/John zugrunde gelegt werden:

Emission des Fremdkapitals	Umweltzustand tritt ein	Investitions-entscheidung	Rückzahlung des Fremd-kapitals	Dividenden-zahlung
← t = 0 →	←		t = 1	→

Hauptziel der Insider ist es, den Wert der Eigenkapitalanteile für die Eigenkapitalgeber zu maximieren, ausgehend von den bestehenden Investitionsmöglichkeiten. Im Falle einer vollständigen Eigenkapitalfinanzierung bedeutet dies die Wahrnehmung aller Investitionsmöglichkeiten mit nicht-negativem Gegenwartswert. Bei der Existenz von Fremdfinanzierung gilt dagegen:

$$V(F) = V_0 - A(F) + T(F)$$

wobei:

V_0 = Unternehmenswert bei vollständiger Eigenfinanzierung

A = Agency Costs der Unterinvestition

T = Gegenwartswert der aus der Fremdfinanzierung resultierenden Steuervorteile

F = versprochene Zahlungen in t=1 an die Fremdkapitalgeber

Die optimale Verschuldung (F^*) kann dann als eine steigende Funktion definiert werden in Abhängigkeit von der Höhe des Steuersatzes t, der Profitabilität der eingesetzten Technologie b und der Anzahl der möglichen Umweltzustände, die in t=1 zu einem positiven Gegenwartswert der Unternehmung führen. Bei der sich ergebenden optimalen Kapitalstruktur treten aufgrund der Unterinvestitionsanreize Fremdkapital-verursachte Wohlstandsverluste ein, die durch $A(F^*)$ dargestellt werden. Zu fragen ist daher, ob Projektfinanzierung mit einer Ausgliederung eines Investitionsvorhabens aus einem bestehenden Unternehmensverband und der optimalen Zuteilung von Fremdkapital diese Unterinvestitionsanreize derart verringern kann, daß der Gesamtunternehmenswert dann höher ist als $V(F^*)$.

Zur Untersuchung der Anreizeffekte ist zu prüfen, ob

$$\Delta V (F_C, F_1, F_2) = V_1(F_1) + V_2(F_2) - V_c(F_c)$$

nicht negativ ist, wobei $\Delta V (F_C, F_1, F_2)$ das Wachstum des Firmenwertes bezeichnet, das aus Projektfinanzierung resultiert derart, daß das zusammengefaßte Fremdkapital F_C auf die Projekte verteilt wird: F_1 auf Investitionsvorhaben 1, F_2 auf Investitionsvorhaben 2.

Es kann gezeigt werden, daß bei einer optimalen Allokation des Fremdkapitals auf die Projekte für jedwegiges Fremdkapitalniveau F_C Wertgewinne bei ΔV realisiert werden. Die optimale Allokation der einzelnen Fremdkapitalbeiträge ergibt sich aus der Profitabilität der zugrundeliegenden Technologie b. Das Projekt mit der höheren Profitabilität bezieht den höheren Fremdkapitalanteil.

ΔV wird als eine nicht negative Funktion in Abhängigkeit des Steuersatzes, der Profitabilität der verwendeten Technologien sowie des Abstandes der Gewinnschwelle ("threshold states") der beiden Investitionsvorhaben voneinander charakterisiert. Die Gewinnschwelle beschreibt jenen Umweltzustand, bei dem ein Investitionsvorhaben gerade soviel cash flow generiert, daß damit die Investitionssumme gedeckt ist.

Je weiter die Gewinnschwelle zweier Investitionsvorhaben eines Unternehmens voneinander abweichen, desto höher ist der Wertzuwachs ΔV, der mit einer Projektfinanzierung erreicht wird. Das Projekt mit der niedrigeren Gewinnschwelle wird eher eigenfinanziert, das Projekt mit den höheren Wachstumschancen dagegen eher fremdfinanziert werden aufgrund der durch das Fremdkapital gegebenen steuerlichen Vorteile, die bei hohen Gewinnen stärker zum Tragen kommen als bei niedrigen.

Der Wertzuwachs ΔV erklärt sich aus der Reduktion der Agency Costs, die die individuelle Zuteilung des Fremdkapitals auf die einzelnen Investitionsvorhaben bewirkt. Gegenüber einer unternehmensinternen Finanzierung ergibt sich mit einer Ausgliederung eine weitergehende Wahrnehmung von Investitionsmöglichkeiten mit positivem Gegenwartswert.

Daraus ableitbar ist ein positiver Ankündigungeffekt auf den Aktienpreis der Mutterunternehmung, wenn die Projektfinanzierung bekanntgegeben wird. Der Kapitalmarkt wertet die Ankündigung einer Projektfinanzierung als Signal dafür, daß ein Unternehmen gute Wachstumschancen besitzt und diese ausnutzt.

• Bewertung

John/John modellieren Projektfinanzierung als Reaktion von Unternehmen, die durch ex post Informationsasymmetrien zwischen Fremdkapitalgebern und Insidern entstehenden negativen Anreizeffekte hinsichtlich der Investitionspolitik abzubauen. Dargestellt ist ein kapitalmarktbezogener Bestimmungsgrund für Projektfinanzierungen, der in der nachfolgenden Analyse aufgegriffen werden kann.[107]

Kritik an dieser Arbeit muß sich gegen dessen Monokausalität richten bei der Bestimmung der Motivationsstruktur einer Projektdurchführung. Argumentiert wird mit dem durch Projektfinanzierung ermöglichten Abbau des Unterinvestitionsproblems, durch die tendenziell eine Verringerung der Kapitalkosten erreicht wird.

Nicht diskutiert werden Bestimmungsgründe der Joint Venture-Struktur eines Projekts. Damit bleiben güterwirtschaftliche Argumente zur Einrichtung einer Projektstruktur - wie sie etwa Skalen- oder Verbundvorteile darstellen - unberücksichtigt.[108]

---

[107]   Vgl. Kapitel 4.2.2.3.1.2.

[108]   Zur Analyse der Bestimmungsgründe einer Projektstruktur vgl. Kapitel 4.

- 40 -

2.5.6. Zusammenfassung und Feststellung des Forschungsbedarfes

Unzureichende Berücksichtigung bei der Analyse von Projektfinanzierungen finden bislang organisationstheoretische Betrachtungen. Zwar wird der stand alone nature im Gegensatz zum corporate pool und damit die rechtliche und wirtschaftliche Ausgliederung aus dem bestehenden Sponsorunternehmen als wichtiger Erklärungsgrund erkannt. Bei dieser Überlegung geht es jedoch lediglich um den Abbau von Informationsasymmetrien zwischen Kapitalgebern und Unternehmensleitung. Die Projektstruktur wird damit als Funktion der Finanzierungsbeziehung gesehen. Eine solche Sicht kann jedoch allenfalls einen Teilausschnitt der zu beobachtenden Aktivitäten in Projektfinanzierungen erfassen. Nicht berücksichtigt wird der nach Meinung des Verfassers wichtigere Aspekt, wonach die Gestaltung von Projektfinanzierungen maßgeblich durch die Spezifika eines Projektes induziert wird und mithin eine Relevanz der Projektebene für die Finanzierungsebene postuliert werden muß.

Ausgehend von der rechtlichen und wirtschaftlichen Ausgliederung eines Projekts sowie der Kapitaleinlage durch mehrere Projektträger als Kennzeichen einer Projektstruktur wird in dieser Arbeit nach deren ökonomischen Bestimmungsgründen gefragt werden. Rekurriert wird dabei im wesentlichen auf den Transaktionskostenansatz.

Unzureichend erscheint dem Verfasser in der Literatur auch die Analyse der Finanzierungsebene. Abgestellt wird dabei allein auf die stand alone nature, d.h. die rechtliche und wirtschaftliche Ausgliederung des Projektes, die zu einem Abbau von ex post Informationsasymmetrien zwischen Kreditgebern und -nehmern beiträgt. Nicht erklärt werden jedoch weitere wichtige Merkmale von Projektfinanzierungen: zu nennen sind hier besonders die Kapitaleinlage durch mehrere Projektträger sowie der Abschluß von Garantien und Abnahmeverträgen. In dieser Arbeit soll der Versuch unternommen werden, mit Hilfe der Agency-Theorie diese Vertragsbestandteile explizit zu erklären.

3. Neue Institutionenlehre als Theorierahmen

Ziel dieses Kapitels ist es, den analytischen Bezugsrahmen der Arbeit vorzustellen, mit Hilfe dessen dann im folgenden Kapitel Projekt und Projektfinanzierung untersucht werden können. Die Auswahl eines Theorierahmens bestimmt sich durch die mit der Problemstellung verbundene Zielsetzung. Ziel dieser Arbeit ist es, die Existenz von Projekten in dem definierten Sinne und die der sie darstellenden Projektfinanzierung zu erklären. Projekt wie auch Projektfinanzierung werden dabei jeweils als institutionelle Regelung verstanden.[109] Das Theoriegebiet, in dem Fragen alternativer institutioneller Gestaltungen thematisiert werden, ist die Neue Institutionenlehre.[110] Diese stellt damit den Theorierahmen für diese Arbeit dar.

Hauptforschungszweige der Neuen Institutionenlehre sind der Transaktionskostenansatz, die Agency Theorie und der Property Rights Ansatz.[111]

Zur Erklärung der Projektstruktur wird in dieser Arbeit vorwiegend auf das Instrumentarium des Transaktionskostenansatzes zurückgegriffen, der die ökonomischen Bestimmungsgründe für die Existenz von Projekten erfaßt. Darüber hinaus werden außerökonomische, auf das rechtliche und administrative Umfeld abzielende Determinanten der Projektstruktur betrachtet. Theoretisch begründet ist ein derartiges Vorgehen im Property Rights-Ansatz. Die Vertragsgestaltung von Projektfinanzierungen wird dagegen im wesentlichen mit Hilfe der Agency-Theorie analysiert. Im folgenden sind die genannten Theoriebereiche in ihren Grundzügen vorzustellen.[112]

---

[109] Institutionelle Regelungen (synonym: Institutionen) werden hier als auf bestimmte Zielbündel abgestellte Systeme von Normen aufgefaßt, die aus formalen Regeln und informellen Zwängen bestehen können. Sie werden eingesetzt, um sich vor unerwünschten Handlungsoptionen anderer zu schützen.Vgl. Richter, Rudolf: [Sichtweise und Fragestellungen], 1990, S. 572; North, Douglas C.: [Economic History], 1989, S. 239 sowie Schenk, Karl-E.: [Theorie der Institutionen], 1988, S. 226. Zu einer abweichenden Definition vgl. Schotter, Andrew: [Social Institutions], 1981, S. 109.

[110] Hinsichtlich einer Institutionenanalyse mit Rückgriff auf klassische Wirtschaftstheorien vgl. Elsner, Wolfgang: [Institutionenanalyse], 1986, S. 403. Zu einer Gegenüberstellung der alten und neuen Institutionenlehre vgl. Hutchinson, Terence W.: [Institutionalist Economics], 1984, S. 20 ff.

[111] Jacob, Adolf-F.: [Finanzierungsregeln], 1991, S. 117.

[112] Hinsichtlich der Abgrenzung der einzelnen Theoriebereiche vgl. Picot, Arnold: [Theorie der Organisation], 1991, S. 145.

3.1. Transaktionskostenansatz

3.1.1. Aussagen

Ausgangspunkt der Analyse ist die güterwirtschaftliche Transaktion. Unter dieser ist allgemein der Austausch von Rechtspositionen innerhalb eines zweiseitigen Vertrages zu verstehen.[113]

3.1.1.1. Transaktionskosten als Effizienzkriterium

Effizienzkriterium des Transaktionskostenansatzes ist die Minimierung der Transaktionskosten. Allgemein können darunter die Kosten zur Abwicklung von Transaktionen verstanden werden. Markt, Unternehmen und hybride Organisationsformen sind dabei Grundformen der Abwicklung von Transaktionen. Jede Organisationsstruktur ist durch ein bestimmtes Transaktionskostenniveau gekennzeichnet. Zur Erleichterung der Messung und zur besseren Vergleichbarkeit der Transaktionskosten verschiedener Koordinationsdesigne empfiehlt sich eine phasenweise Einteilung der Transaktionskosten, wie sie Picot vornimmt. Dieser unterscheidet zwischen:[114]

- Anbahnungskosten
- Vereinbarungskosten
- Kontrollkosten
- Anpassungskosten

---

113 Commons, John R.: [Institutional Economics], 1934, S. 55 oder auch Brand, Dieter: [Transaktionskostenansatz], 1990, S. 92.

114 Picot, Arnold: [Organisationstheorie], 1982, S. 271; andere Autoren unternehmen in diesem Zusammenhang eine noch feinere Untergliederung. So unterteilt Albach die im Prozeß der Leistungsübertragung anfallenden Kosten folgendermaßen: Suchkosten (Kosten der Suche nach einem geeigneten Partner), Anbahnungskosten (Kosten der Vorbereitung von Verhandlungen), Verhandlungskosten (Reisekosten, Kosten der Rechtsberatung), Entscheidungskosten (Kosten der Entscheidungsvorbereitung durch Stäbe, Kosten der innerbetrieblichen Abstimmung), Vereinbarungskosten (Kosten der Vertragsausfertigung und Gerichtskosten), Kontrollkosten (Kosten der Überwachung der Vertragseinhaltung, Schulungskosten, Kosten der laufenden Qualitätsprüfung), Anpassungskosten (Kosten für gegebenenfalls notwendig werdende Vertragsveränderungen), Beendigungskosten (Kosten der Vertragsaufhebung, Entlassungskosten, Abfindungen, Sozialplankosten). Vgl. Albach, Horst: [Kosten, Transaktionen], 1988, S. 1160.

Problematisch ist, ob unter dem Begriff der Transaktionskosten nur solche Kosten erfaßt werden, denen tatsächlich Auszahlungen gegenüberstehen. Zu nennen wären beispielsweise die Kosten, die durch die Einstellung von Verkäufern oder den Einsatz von Rechtsanwälten und Wirtschaftsprüfern entstehen. Goldberg übt Kritik an einem solchen pagatorischen Kostenbegriff. Er argumentiert, daß eine Transaktionskostenrechnung auch Opportunitätskosten erfassen müsse, um zu einer aussagefähigen Bewertung alternativer Organisationsformen zu gelangen.[115] Zu berücksichtigen seien so z.B. bei der Beurteilung einer marktnahen Koordinationsalternative die entfallenden Erlöse aus Skaleneffekten, die mit einer hierarchienahen Organisationsform erreicht würden.

Dieser Arbeit soll das um Opportunitätskosten erweiterte Transaktionskostenverständnis von Goldberg zugrundegelegt werden.[116] Die bei einem derartigen Transaktionskostenbegriff entstehenden Probleme der Meßbarkeit können dadurch umgangen werden, daß die Bestimmung der Kostengrößen mittels einer komparativen Analyse erfolgt, d.h. die Transaktionskosten zweier Organisationsalternativen miteinander verglichen werden.[117] Gezeigt werden kann, daß sich auch mit Hilfe derartig grober Quantifizierungen Erklärungen für die Existenz und Gestaltungsmerkmale institutioneller Gegebenheiten ableiten lassen.[118]

3.1.1.2. Spezifität als Determinante von Transaktionskosten

Als wesentliche Bestimmungsgröße der Transaktionskosten wird der Spezifitätsgrad einer Transaktion angesehen.[119] Spezifitätsprobleme ent-

---

115 Goldberg, Victor: [Production Functions], 1985, S. 395.

116 Vgl. demgegenüber das investitionstheoretisch motivierte Transaktionskostenverständnis von Albach, Horst: [Kosten, Transaktionen], 1988, S. 1159 ff.

117 Picot, Arnold: [Theorien der Organisation], 1991, S. 155; zu einer Kritik bezüglich der mangelnden entscheidungstheoretischen Durchdringung des Transaktionskostenbegriffes vgl. Dorow, Wolfgang; Weiermeier, Klaus: [Markt versus Unternehmung], 1984, S. 197.

118 Zur Abgrenzung der Begriffe Transaktionskosten, Marktversagen und Externalitäten vgl. Arrow, Kenneth J.: [Potentials and Limits], 1985, S. 120.

119 Williamson, Oliver E.: [Organization], 1991, S. 16. Williamson nennt darüber hinaus die Unsicherheit und Häufigkeit einer Transaktion als Einflußfaktoren. Einfluß haben sie jedoch nur dann, wenn Spezifität vorliegt. Sie bewirken mithin

- 44 -

stehen aufgrund der fundamentalen Transformation einer Leistungsbeziehung:[120] Während vor Vertragsabschluß zwischen zahlreichen Vertragspartnern ausgewählt werden kann, zeichnen sich Transaktionen mit hohem Spezifitätsgrad dadurch aus, daß nach Vertragsabschluß nurmehr
eine kleine Anzahl ("small numbers") alternativer Transaktionspartner zur
Verfügung steht.[121]

Ausgegangen wird also von einer Situation, bei der A und B eine Kooperation eingegangen sind. A hat irreversible Investitionen in Erwartung der
Gegenleistung des B getätigt. Sogenannte "sunk costs" sind angefallen.
Die Gegenleistung des B hängt in Qualität und Quantität von der Wil-
lensbildung des B ab. Ex post kann das Verhalten von B durch A beob-
achtet werden.[122]

Charakteristisches Merkmal einer transaktionsspezifischen Investition ist
daher das Entstehen von Austrittsbarrieren für Vertragspartner A , da die
Auflösung der Transaktionsbeziehung ex post nur unter Kosten möglich
ist.[123] Vertragspartner B kann die Abhängigkeit des A in opportunistischer
Weise ausnutzen, indem er eine bestimmte, von A erwartete Gegenleistung zurückhält ("hold up").[124]

Mit zunehmender Spezifität steigen daher die Austrittsbarrieren für A ex
post und sinkt dessen Bereitschaft zum Markteintritt ex ante. Ein Ziel des
Transaktionskostenansatzes ist es daher, diejenigen institutionellen Regelungen zu bestimmen, die diese Barrieren auf effiziente Weise überwin-
den. Konkret geht es dabei also um Maßnahmen, die den Vertragspartner
A vor opportunistischem Verhalten des B bewahren.

eine Verstärkung der Transaktionskostenwirkung einer spezifischen Investition.
Vgl. Picot, Arnold: [Leistungstiefe], 1991, S. 346. Aufgrund dieses
Wirkungsbezuges zur Spezifität sollen diese beiden Faktoren im folgenden unter
letzterer subsumiert werden. Für eine ausführliche Darstellung ihrer
Wirkungsweise sei auf Williamson, Oliver E.: [Institutions], 1985, S. 52 ff.
verwiesen.

120 Williamson, Oliver E.: [Economics of Governance], 1984, S. 67.

121 Alchian, Armen A.: [Specificity], 1984, S. 36.

122 Spremann, Klaus: [Stakeholder-Ansatz], 1989, S. 742.

123 Schenk, Karl-E.: [New Institutional Dimensions], 1988, S.12.

124 Alchian, Armen A.; Woodward, Susan: [The Firm is dead], 1988, S. 67.

Als allgemeiner Erklärungszusammenhang kann daher die Auswahlentscheidung einer Koordinationsform als Funktion der Spezifität angesehen werden: je spezifischer sich eine Transaktionsbeziehung erweist, desto höher die Transaktionskosten einer marktlichen Koordination und mithin der Anreiz, von einer marktlichen auf eine unternehmensinterne Koordination auszuweichen.[125] Transaktionskostenvorteile einer hierarchienahen Koordinationsform ergeben sich jedoch erst ab einer bestimmten Höhe der Spezifität, unterhalb derer sich eine marktliche Koordination aufgrund geringerer Bürokratiekosten sowie höherer Produktionskostenkontrolle als effizient erweist.[126]

Die nachfolgende Abbildung dient zur Verdeutlichung dieses Zusammenhanges.[127]

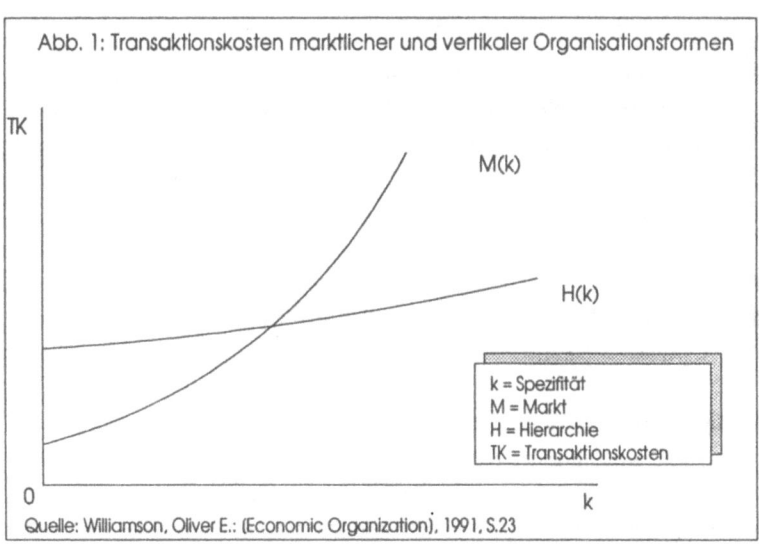

Abb. 1: Transaktionskosten marktlicher und vertikaler Organisationsformen

TK

M(k)

H(k)

k = Spezifität
M = Markt
H = Hierarchie
TK = Transaktionskosten

0

k

Quelle: Williamson, Oliver E.: (Economic Organization), 1991, S.23

---

125 Windsperger Josef: [Organisationsdesign], 1985, S. 208.

126 Williamson, Oliver E.: [Institutions], 1985, S. 91.

127 Bezüglich eines Überblicks empirischer Validierungen der innerhalb des Transaktionskostenansatzes formulierten Thesen vgl. Baur, Cornelius: [Make-or-Buy-Entscheidungen], 1990, S. 127 f.

Bezüglich der inhaltlichen Gestaltung der Spezifität einer Transaktion wird zwischen vier Formen der Spezifität unterschieden:[128]

- Standortspezifität ("site specificity"): Wenn bei hochgradig immobilen Investitionsgütern Käufer und Verkäufer eine sehr enge lokale Bindung eingehen, um Transport- und Lagerkosten zu minimieren.

- Güterspezifität ("physical asset specificity"): Wenn bestimmte Betriebsmittelkomponenten zur Herstellung eines Produktes benötigt werden, wie etwa Guß- oder Stanzmatrizen bei der Fertigung einer Fahrzeugtür.

- Humankapitalspezifität ("human asset specificity"): Wenn durch einen learning-by-doing-Prozeß unternehmensbezogene Qualifikationen bei Mitarbeitern entwickelt werden, die nicht unverändert auf andere Unternehmen übertragen werden können.

- auftragsbedingte Spezifität ("dedicated assets"): Wenn Investitionsgüter, die selbst unspezifisch sein können, allein zu dem Zweck beschafft werden, einen bestimmten Kundenauftrag auszuführen oder eine längerfristige Kundenbeziehung zu erhalten, wie etwa eine Kapazitätserweiterung.

3.1.2. Erklärungsrelevanz des Transaktionskostenansatzes für diese Arbeit

In dieser Arbeit wird Spezifität einer Vertragsbeziehung und das daraus erwachsende hold up-Problem als Konzept zur Erklärung der Projektstruktur verwendet. Gezeigt werden kann, daß die Motivation für Projektinteressenten zur Beteiligung an einem Projekt insbesondere aufgrund transaktionsspezifischer Investitionen entsteht: Da die potentiellen Vertragspartner die sich daraus ergebende Abhängigkeit antizipieren, wird versucht, durch Einrichtung einer hierarchischen Organisationsform - der Projektgesellschaft - den drohenden hold up-Problemen vorzubeugen mit dem Ziel, einen verläßlichen Bezug von Produkten und Dienstleistungen zu gewährleisten.

---

128 Williamson, Oliver E.: [Institutions], 1985, S. 55; Picot nennt neben der Spezifität die strategische Bedeutung einer Transaktion als maßgeblich bestimmende Einflußgröße für die Auswahlentscheidung einer Koordinationsform. Vgl. Picot, Arnold: [Leistungstiefe], 1991, S. 396.

3.2. Property Rights Ansatz

3.2.1. Aussagen

Unter Property Rights (Verfügungsrechte) werden allgemein die sozial anerkannten institutionellen Handlungsbeschränkungen verstanden.[129] "Sie können rechtlicher Natur sein, sich aber auch aus der Sitte und Moral, religiösen Vorstellungen und insgesamt dem Geist entwickeln, in dem die Menschen leben und in dem sie sich an bestimmte Spielregeln halten. Die Gesamtheit dieser Institutionen ist dem gleichzusetzen, was Eucken die rechtliche und soziale Organisation einer Volkswirtschaft nennt".[130]

Inhalt einer Forschungsrichtung innerhalb des vorwiegend auf Coase[131] und Alchian/Demsetz[132] zurückgehenden Property Rights-Ansatzes ist es zu zeigen, daß die Ausgestaltung von Verfügungsrechten die Verteilung und den Gebrauch von Ressourcen in einer vorhersehbaren Weise determiniert.[133] So kann z.B. Röpke in einer entwicklungstheoretischen Anwendung einen derartigen Erklärungsgehalt des Property Rights-Ansatzes skizzieren. Er verweist auf den Zusammenhang zwischen der Entwicklung der Produktivität in einem Land und der spezifischen Ausstattung der den Innovatoren (Unternehmen) von staatlicher Seite gewährten Handlungsrechte.[134]

In einer umgekehrten, insbesondere von Furubotn/Pejovich entwickelten Betrachtung wird ausgegangen von gegebenen Verfügungsstrukturen und gefragt, inwieweit eine individuelle Nutzenmaximierung der Wirtschaftssubjekte hinsichtlich der institutionellen Gestaltung erfolgen kann.[135] Auf

---

129 Meyer, William: [Property Rights], 1983, S. 19; Furubotn, Eirik G.; Pejovich, Svetozar: [Property Rights], 1972, S. 1139.

130 Schüller, Alfred: [Property Rights], 1983, S. 147.

131 Coase, Ronald H.: [Problem of Social Cost], 1960, S. 1-44.

132 Alchian, Armen; Demsetz, Harold: [Production, Information Costs], 1972, S. 777-795.

133 Eine Übersicht über die verschiedenen Forschungszweige des Property Rights-Ansatzes bietet De Alessi, Louis: [Property Rights], 1980, S. 1 ff.

134 Röpke, Jochen: [Handlungsrechte], 1983, S. 120.

135 Furubotn, Eirik G.; Pejovich, Svetozar: [Property Rights], 1972, S. 1140.

diese Weise wird der Einfluß, den insbesondere Rechtsordnungen und verwaltungsrechtliche Maßnahmen auf die Gestaltung von Kontrakten haben, erfaßbar.[136]

3.2.2. Erklärungsrelevanz des Property Rights-Ansatzes für diese Arbeit

In dieser Arbeit wird der Property Rights-Ansatz auf die Analyse der Projektstruktur angewendet. Untersucht werden diejenigen rechtlichen Rahmenbedingungen, die eine Joint Venture Struktur gegenüber alternativen Organisationsformen begünstigen. Identifiziert werden dabei insbesondere steuerliche und bilanzrechtliche Regelungen.

3.3. Agency-Theorie

3.3.1. Aussagen

Auszugehen ist von zwei Individuen, Agent und Prinzipal: der Agent trifft frei eine Entscheidung und unternimmt eine von mehreren Aktionen, durch die er sein eigenes Nutzenniveau beeinflußt.[137] Durch externe Effekte wirkt diese Entscheidung auch auf das Nutzenniveau des Prinzipals. Der Prinzipal wird deshalb versuchen, den Agenten zu beeinflussen. Letzterer entscheidet über die Art und das Niveau seiner Anstrengung, mit der er seine Aufgabe für den Prinzipal erledigt, die dieser an ihn delegiert hat. Mit höherer Anstrengung begünstigt der Agent den Prinzipal und - da Arbeitsleid nicht Arbeitsfreud - benachteiligt sich selbst.[138]

Unproblematisch wäre eine solche Situation des externen Effektes, wenn der Prinzipal die Entscheidung (Anstrengung) des Agenten kostenlos beobachten könnte. Im Ausgleich für ein bestimmtes Anstrengungsniveau, über dessen tatsächliche Höhe es später keinen Dissens gäbe, würde der Prinzipal dem Agenten einen Geldbetrag bieten. Nach einem Aushandlungsprozeß würden sich beide auf einen Lohn I im Tausch für einen ge-

---

136   Picot, Arnold: [Theorie der Verfügungsrechte], 1981, S. 155.

137   Ross, Stephen A.: [Theory of Agency], 1973, S. 134.

138   Laux, Helmut: [Anreiz und Kontrolle], 1990, S. 12.

wissen Arbeitseinsatz a einigen. Da bezüglich der Festlegung von I und a
völlige Freiheit besteht - Prinzipal und Agent würden jede Situation ver-
werfen, bei der sich einer ohne Benachteiligung des anderen verbessern
würde - , kann bei dem im Einigungsprozeß gefundenen Paar (I,a) von
einer effizienten Lösung, einem first-best-design, ausgegangen werden.[139]

3.3.1.1. Moral Hazard-Problem

Ein Problem entsteht nun dadurch, daß der Prinzipal die Anstrengung des
Agenten nicht beobachten und dieser den sich ergebenden diskretionären
Handlungsspielraum mißbräuchlich ausnutzen kann.[140] Die Informationsasymmetrie zwischen Prinzipal und Agent kann durch eine Situation
der Produktion verdeutlicht werden, bei der der Prinzipal Anspruch auf
den Output hat bzw. vom Produktionsergebnis direkt betroffen ist. Das Ergebnis (der Output) hängt von drei Inputs ab:

- von der Anstrengung des Agenten, die dieser selbst
  beeinflußt.
- von exogenen Zufallsereignissen, die weder Agent noch
  Prinzipal beeinflussen können.
- von einer Reihe weiterer Faktoren, deren Einsatz vom
  Prinzipal kontrolliert werden kann und die daher hier nicht
  weiter zu erörtern sind.

Angenommen sei, daß der Prinzipal die Technologie
(Produktionsfunktion) kenne, ebenso die Wahrscheinlichkeitsverteilung
der Umweltzustände sowie das tatsächlich realisierte Produktionsergebnis. Der Prinzipal kann aber ex post nicht kostenlos beobachten, welcher
der Umweltzustände eingetreten ist. Trotz der Kenntnis der Technologie
kann er daher nicht von der Höhe des Produktionsergebnisses auf den
Arbeitseinsatz des Agenten schließen. Damit ist das moral hazard-Problem charakterisiert.[141]

---

[139] Richter, Rudolf: [Sichtweise und Fragestellungen], 1990, S. 579.

[140] Zur Abgrenzung von moral hazard und hold up vgl. Spremann, Klaus:
[Stakeholder-Ansatz], 1989, S. 742 ff.

[141] Hax, Herbert: [Anreize und Vertragsgestaltung], 1991, S. 61.

Bei moral hazard scheidet infolgedessen eine Kontraktform aus, bei der Prinzipal und Agent sich auf ein Paar von Lohn und Arbeit einigen, da der Prinzipal keine Möglichkeit hätte, später zu prüfen, ob der Agent sich an die Vereinbarung gehalten hat. Der Prinzipal kann daher dem Agenten nur ein Entlohnungsschema anbieten, das der seinen Nutzen maximierende Agent in sein Nutzenkalkül miteinbezieht.

Von Ausnahmefällen abgesehen sind derartige durch Entlohnungsschemata induzierte Lösungen immer second best-Lösungen.[142] Mit dem Konzept der Agency Costs wird dann die Höhe der Abweichung eines second best von einem first best-Vertragsdesign beschrieben.[143] Um den second best-Charakter zu verdeutlichen, seien Entlohnungschemata betrachtet, bei denen der Agent am später realisierten Output beteiligt wird. Im Hinblick auf den Anreizeffekt sollte die Ergebnisbeteiligung des Agenten möglichst groß sein. Mit der Höhe der Ergebnisbeteiligung steigt jedoch auch der Anteil des auf den Output wirkenden Umweltrisikos, das der Agent übernimmt, wobei die Aufteilung des Risikos zwischen Agent und Prinzipal durch die jeweilige Risikoaversion bestimmt wird.

Das daraus für den Vertragsabschluß erwachsende Dilemma wird deutlich, wenn man in einem Gedankenexperiment von einer großen Varianz des Umweltrisikos und einer relativ großen Risikoaversion des Agenten ausgeht. Schon bei einer kleinen Ergebnisbeteiligung wird der Agent eine hohe Risikoprämie verlangen. Bei einem ergebnisunabhängigen Lohn ist dagegen keine Risikoprämie erforderlich; der Agent wird aber in diesem Fall nur die geringst mögliche Anstrengung aufbringen, wodurch eine ineffiziente Inputallokation bewirkt wird. Das Streben nach größtem Anreizeffekt und das Streben nach effizienter Risikoteilung führt so in aller Regel zu verschiedenen Formen der Ergebnisbeteiligung, über die ein Kompromiß herbeigeführt werden muß.[144]

---

[142] Vgl. zu den Ausnahmefällen Ross, Stephen A.: [Theory of Agency], 1973, S. 136 ff; Harris, Milton; Raviv, Artur: [Optimal Incentive Contracts], 1979, S. 237 f.

[143] Agency Costs seien definiert als die Summe aus "the monitoring expenditures by the principal, the bonding expenditures by the agent, the residual loss." Vgl. Jensen, Michael C.; Meckling, William H.: [Theory of the Firm], 1976, S. 308.

[144] Holmström, Bengt: [Moral Hazard], 1979, S. 74 ff.

3.3.1.2. Institutionelle Regelungen zum Abbau des moral hazard

Die Effizienz eines second-best Entlohnungsschemas läßt sich nur situationsbedingt bestimmen. Folgende Determinanten sind dabei zu berücksichtigen:[145]

- die funktionelle Abhängigkeit des Produktionsergebnisses vom Arbeitsinput des Agenten einerseits und vom zufälligen Umweltzustand andererseits. Gesprochen wird in diesem Zusammenhang auch von Technologien, die hier als exogen und damit weder durch den Prinzipal noch durch den Agenten beeinflußbar angesehen werden.

- die Frage, ob durch zusätzliche Informationen die Informationsasymmetrie und damit der diskretionäre Handlungsspielraum des Agenten verringert werden kann.

Im folgenden sollen zum einen second best-Entlohnungsschemata ergebnishaft vorgestellt werden, die zu einem Abbau des moral hazard und der durch diesen verursachten Agency Costs beitragen, und zum anderen Hinweise auf deren effizienten Einsatz gegeben werden.

Folgende Entlohnungsschemata können unterschieden werden:

- Bestrafung und Reputation
- Garantie
- Information

- Bestrafung und Reputation

Wenn bestimmte Technologien einen Output hervorbringen, dessen Variabilität von dem Verhalten des Agenten beeinflußt werden kann, dann wird der Prinzipal auf ein Verhalten drängen, das zu einer Outputerhöhung führt. Erforderliche Verhaltensweisen des Agenten diesbezüglich sind Sorgfalt oder Vorsicht. Wenn in einer Situation Sorgfalt möglich ist und der Prinzipal großen Wert auf ein möglichst risikofreies Ergebnis legt,

---

[145] Spremann, Klaus: [Reputation, Garantie], 1988, S. 617.

dann werden institutionelle Regelungen entworfen, die den Agenten an ein derartiges Verhalten binden: bei dem Unterschreiten eines bestimmten Ergebnisniveaus wird dem Agenten eine Strafe angedroht. Da eine richtig präzisierte Strafandrohung mehr Input induziert und damit mehr Output bewirkt, kann durch dessen Aufteilung für beide Seiten eine bessere Lösung erzielt werden, als wenn Strafen im vornherein ausgeschlossen sind. Zweck der Strafe ist es, das Nutzenniveau des Agenten derart zu reduzieren, daß ihm die bloße Strafandrohung aus Eigeninteresse Sorgfalt induziert.

Um die Strafandrohung glaubwürdig zu machen, muß der Agent eine bestimmte Wohlstandsposition einbringen, die im Fall der Strafverhängung vernichtet werden kann. Eine solche Wohlstandsposition ist ein Pfand.[146] Mit der Begebung des Pfandes willigt der Agent in das Strafdesign ein. Mit der Höhe des Pfandes wird die Höhe der maximalen Strafe deutlich. Anreizsysteme, bei denen die Vertragspartner die Glaubwürdigkeit ihres Versprechens hinsichtlich eines bestimmten Verhalten durch die Begebung eines Pfandes unterstreichen, werden als glaubhafte Zusicherungen ("credible commitments") bezeichnet.[147]

Eine wichtige Form des Pfandes ist die Reputation.[148] Sie ist für den Agenten wertvoll, solange sie unangegriffen besteht. Sie kann nicht übertragen werden, jedoch durch Nachrede von Dritten zerstört werden. Dadurch, daß der Agent Reputation aufbaut, ist eine neue, auf Strafandrohung basierende Kontraktform möglich. Wichtig ist dabei, daß eine solche Strafandrohung nicht schriftlich festgehalten werden muß, sondern gleichsam unausgesprochen zur Grundlage der Kooperation gemacht wird. Der Prinzipal muß sich nur vor Vertragsabschluß über deren Unbeschadetheit vergewissern.

---

146 Gesprochen wird in diesem Zusammenhang auch von "Geiseln" ("hostages"), die in früheren Zeiten häufig ausgetauscht wurden, um damit bestimmte Anreizeffekte zu erreichen. Vgl. Schelling, Thomas: [Essay on Bargaining], 1956, S. 300 FN 17.

147 Williamson, Oliver E.: [Credible Commitments], 1983, S. 523.

148 Vgl. grundlegend dazu Albach, Horst: [Vertrauen], 1980, S. 8 ff. sowie weiterführend Jacob, Adolf-F.: [Finanzierungsregeln], 1991, S. 118 und Jacob, Adolf-F.: [Kundenloyalität], 1993, S. 10.

- Garantie

Während die Reputation vorbeugende Wirkung hat, ist die Garantie eine institutionelle Regelung, bei der der Agent den Verlustfall nicht mit Sicherheit ausschließen kann und daher sich gegenüber dem Prinzipal bereiterklärt, bei Schadenseintritt im nachhinein zu kompensieren. Die Garantie wirkt als Anreizsystem derart, daß sie bei dem Agenten größere Anstrengung bewirkt. Durch die Erhöhung des Erwartungswertes des Outputs verringert sich die Wahrscheinlichkeit des Verlustfalls und damit die gesamten Kosten der Garantiegewährung.[149]

Die Vorteilhaftigkeit von Garantien ist durch die folgenden drei Aspekte bestimmt: Zum einen sind Garantien für einen risikoaversen Prinzipal wünschenswert, sobald eine hohe Varianz des Outputs vorliegt und diese kaum oder nur unter zu hohem Aufwand verringert werden könnte. Durch seinen Arbeitseinsatz, der hier als Sorgfalt zu interpretieren ist, beeinflußt der Agent den Erwartungswert des Outputs, kann aber nicht die Einwirkung der zufälligen Umweltzustände verringern.

Zum zweiten hilft dem Prinzipal eine Garantie nur, wenn ein schlechtes Ergebnis nicht irreversibel ist, sondern durch Nachbesserung oder Kompensation ausgeglichen werden kann.

Drittens impliziert die Garantiepolitik eine spezielle Risikoteilung zwischen Agent und Prinzipal. Ein solches Anreisystem ist daher nur dann effizient, wenn die Risikoaversion des Agenten geringer ist als die des Prinzipals.[150]

- Information

Die Güte des second best-Entlohnungsschemas hängt schließlich auch davon ab, ob der diskretionäre Handlungsspielraum des Agenten durch Informationsbeschaffung verringert werden kann. Grundsätzlich sind dazu Prüfungen und Kontrollen geeignet, die der Prinzipal vornimmt, sowie Berichte, Informationen oder Signale, die der Agent über sein Tun zur Verfü-

[149] Spremann, Klaus: [Reputation, Garantie], 1988, S. 621.
[150] Spremann, Klaus: [Asymmetrische Information], 1990, S. 581.

gung stellt. Geklärt werden muß bei dem Einbezug von Informationsbe-schaffungsmaßnahmen in ein Entlohnungsschema, welche Informationen zur exakten Bewertung der Arbeitsleistung des Agenten generell vorliegen und welche davon in das Entlohnungsschema einbezogen werden sollen. Ferner ist festzulegen, in welcher Weise die Entlohnung bzw. Bestrafung des Agenten von dieser Information abhängen soll.

Die Vorteilhaftigkeit der Informationsbeschaffung wird durch drei Größen bestimmt:[151]

- den Kosten der Information,
- der Größe (Varianz) des zufälligen Informationsfehlers,
- sowie dessen Korrelation mit dem Umweltrisiko.

Je billiger und genauer die Informationen sind, desto näher kommt eine auf Informationsbeschaffung abstellende institutionelle Regelung an die first best-Lösung, in der Agent und Prinzipal sich über ein Paar aus Ar-beitsinput und Lohn einigen können, weil der Prinzipal anhand der Infor-mationen nachprüfen kann, ob sich der Agent an seine Zusagen gehalten hat.

Die zu generierenden Informationen können jedoch unvollkommen, d.h. mit zufälligen Fehlern behaftet sein und so kein exaktes Bild über die An-strengung des Agenten geben. Mit der Übertragung derartiger Informatio-nen an den Prinzipal übernimmt der Agent ein Risiko, da seine Entloh-nung von dieser Information abhängt. Da die Vertragspartner die Fehler-haftigkeit der Informationen im vornherein bewerten können, gilt: je teurer und fehlerhafter die Informationen über den Input sind, desto mehr wird auf das Arbeitsergebnis als Gradmesser der Entlohnung abgestellt.[152]

---

151 Spremann, Klaus: [Reputation, Garantie], 1988, S. 622.
152 Blickle, Marina: [Information Systems], 1987, S. 93 ff.

3.3.2. Erklärungsrelevanz der Agency Theorie für diese Arbeit

Der in dieser Arbeit verwendete agency-theoretische Ansatz ordnet sich ein in die positive Agency Theorie, nach der empirisch beobachtbare Vertragsstrukturen auf ihre Möglichkeiten des Abbaus von moral hazard-Problemen untersucht werden.[153]

Betrachtet wird in dieser Untersuchung das Verhältnis zwischen Kreditgebern und Projektgesellschaft. Gezeigt werden kann, daß es sich dabei um eine Agency-Beziehung handelt. Dementsprechend sind die für Projektfinanzierungen typischen Vertragsmerkmale als Anreiz- und Kontrollmechanismen zu interpretieren, mit denen moral hazard-Probleme der Fremdfinanzierung abgebaut werden können.

3.4. Zusammenfassung

Mit der Neuen Institutionenlehre besteht ein theoretisches Instrumentarium zur Erklärung der Existenz von Institutionen. Mit dem Transaktionskostenansatz als wichtiger Forschungszweig innerhalb dieser Theorie sollen in dieser Arbeit die ökonomischen Bestimmungsgründe für die zu betrachtende Institution einer Projektgesellschaft dargelegt werden. Wesentliches Erklärungselement ist das durch die Spezifität einer Leistungsbeziehung verursachte hold up-Problem.

Ferner werden außerökonomische Erklärungsgründe für die Existenz der Projektstruktur untersucht. Gemäß dem Property Rights-Ansatz erfolgt hier eine Analyse des rechtlichen und administrativen Umfeldes der Transaktion.

Mit Hilfe der Agency-Theorie kann die Vertragsbeziehung zwischen Kreditgebern und Projektgesellschaft analysiert werden. Die für Projektfinanzierungen typischen institutionellen Regelungen können als Mechanismen zum Abbau der bestehenden moral hazard-Probleme interpretiert werden.

---

[153] Zu einem analogen Vorgehen vgl. Mathewson, G. Frank; Winter, Ralph A.: [Economics of Franchise], 1985, S. 503 ff. Zur Einteilung der Agency-Theorie in einen normativen und einen positiven Theoriezweig vgl. Arrow, Kenneth J.: [Agency], 1986, S. 1184.

4. Analyse der Projektstruktur aus Sicht der Neuen Institutionenlehre

Im zweiten Kapitel wurde abgeleitet, daß Projektfinanzierung nicht als unabhängiges Finanzierungsinstrument anzusehen, sondern vielmehr als Finanzierungsmethode eines bereits existierenden Projekts zu interpretieren ist.

Zu zeigen ist daher, inwiefern die Eigenschaften des Projekts die Vertragsstruktur einer Projektfinanzierung determinieren. Zu einem umfassenden Verständnis dieser Finanzierungsmethode ist darüber hinaus die Ableitung von Erklärungen für die Existenz von Projekten in dem hier definierten Sinne erforderlich, die der besagten Vertragsanalyse der Projektfinanzierung vorausgehen muß. Die Analyse der Projektstruktur ist daher Inhalt dieses Kapitels, während die Vertragsstruktur einer Projektfinanzierung im nachfolgenden Kapitel zu betrachten ist.

Abzuleiten sind in diesem Kapitel demnach die Existenzbedingungen von Projekten. Zurückgegriffen wird auf die im zweiten Kapitel erfolgte Definition dieses Begriffes, der auf die rechtliche und wirtschaftliche Ausgliederung aus einem bestehenden Unternehmensverband einerseits sowie auf das Vorliegen einer Joint Venture-Struktur andererseits abstellt.[154]

---

[154] Vgl. Kapitel 2.2.1.

4.1. Projekt als hybride Koordinationsform zwischen Markt und Hierarchie

Zunächst hat die Einordnung des Projekts als Koordinationsform in die Transaktionskostentheorie zu erfolgen.[155] Williamson unterscheidet - Macneils Einteilung folgend[156] - drei Vertragstypen, denen er jeweils bestimmte Organisationsformen ("governance structure") zuordnet (vgl. Abbildung 2).

Abb. 2: Effiziente Organisationsstrukturen

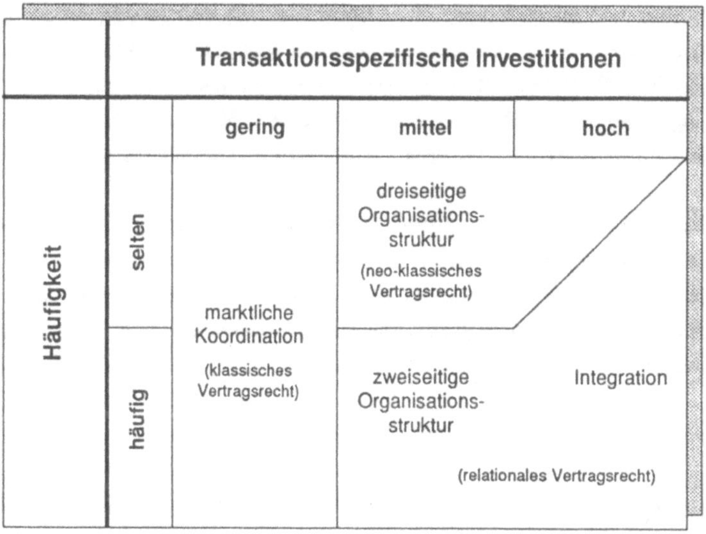

Transaktionsspezifische Investitionen			
	gering	mittel	hoch
Häufigkeit selten	marktliche Koordination (klassisches Vertragsrecht)	dreiseitige Organisations-struktur (neo-klassisches Vertragsrecht)	
Häufigkeit häufig		zweiseitige Organisations-struktur	Integration
		(relationales Vertragsrecht)	

Quelle: Williamson, Oliver E.: [Institutions], 1985, S. 79

Er geht aus vom klassischen Vertragsrecht. Dieses ist dadurch charakteri-

---

155 Vgl. in Analogie dazu die Einordnung der Kooperation als hybride Koordinationsform zwischen Markt und Hierarchie bei Büchs, Matthias: [Markt und Hierarchie], 1991, S.4.

156 Macneil, Irvin R.: [Contracts], 1978, S. 854 ff.

siert, daß es sich auf homogene Produkte bezieht, die Transaktionsbeziehungen zwischen den Vertragspartnern standardisiert sind und die Transaktion häufig wiederholt wird. Ein besonders geformtes Vertragsverhältnis mit dem Transaktionspartner ist nicht vonnöten. Unter diesen Umständen erweist sich der Markt als effizientes Koordinationsinstrument.[157]

Langfristige Verträge werden dem neoklassischen Vertragsrecht zugeordnet. Die Produkte, auf die sich die Verträge beziehen, sind heterogen. Infolge der Langfristigkeit der Beziehungen sind beide Seiten Unsicherheit und Opportunismus ausgesetzt. Je höher die Spezifität der Transaktion desto riskanter erweist sich eine marktliche Koordination. Als effiziente Koordinationsformen treten verstärkt trilaterale Vertragsstrukturen auf ("trilateral governance"), bei der eine dritte Partei als Schiedsmann einbezogen wird.

Transaktionen, die sich durch hohe Spezifität und Komplexität sowie durch häufige Wiederholung auszeichnen, werden dem relationalen Vertragsrecht zugeordnet.[158] Kennzeichnend sind Koordinationsformen, bei denen die Partner in enger Beziehung zueinander stehen.[159] Unterschieden wird zwischen einer zweiseitigen und einer hierarchischen Herrschaftsstruktur.

Kennzeichen einer zweiseitigen Organisationsstruktur ("bilateral governance") ist die fokussierte Zusammenarbeit in Gebieten, bei denen gegenüber einer Integration ("unified structure") Größenvorteile erzielt werden und die Beibehaltung der wirtschaftlichen Selbständigkeit der Vertragspartner zu Produktionskostenvorteilen führt.[160]

Eine Projektstruktur in dem für diese Arbeit definierten Sinn zeichnet sich durch die Beibehaltung der wirtschaftlichen Selbständigkeit der Vertragspartner sowie die Beschränkung der Zusammenarbeit auf ein Teilgebiet der jeweiligen Unternehmensaktivitäten aus.

Im folgenden soll daher die Projektstruktur als zweiseitige Organisations-

157 Williamson, Oliver E.: [Governance], 1979, S. 247 ff.
158 Vgl. Coase, Ronald H.: [Nature of the Firm], 1937, S. 391.
159 Teece, David J.: [Scope], 1980, S. 229 f.
160 Williamson, Oliver E.: [Institutions], 1985, S. 75.

struktur verstanden werden und deren Effizienz zwischen marktlicher und hierarchischer Koordinationsform erläutert werden.[161] Der Tatbestand einer Beteiligung mehrerer Projektbeteiligter steht dazu nicht in Widerspruch, sofern die Projektstruktur als ein Bündel paarweiser Leistungsbeziehungen angesehen wird.

Auszugehen ist beim Vorliegen einer ökonomischen Effizienz von der Vorteilhaftigkeit dieser Koordinationsform für alle Beteiligten. Bei einer Analyse der Existenzbedingungen einer Projektstruktur ist daher die Motivationsstruktur der einzelnen potentiellen Projektträger zu untersuchen.

Zu unterscheiden ist dabei zwischen privatwirtschaftlichen Projektträgern einerseits und staatlichen bzw. suprastaatlichen Projektträgern andererseits. Während sich bei der ersten Gruppe die Beteiligung auf einzelwirtschaftliche Bestimmungsgründe zurückführen läßt, ist die Motivationsstruktur der zweitgenannten Gruppe in erster Linie durch entwicklungs- und wirtschaftspolitische Aspekte bestimmt.

Der Schwerpunkt der hier zu leistenden betriebswirtschaftlichen Analyse hat auf der Betrachtung der einzelwirtschaftlichen Motive zu liegen. Die Bestimmungsgründe sollen dabei mit Hilfe des Instrumentariums der Neuen Institutionenlehre theoretisch hergeleitet werden. Die Motivationsstruktur der staatlichen und suprastaatlichen Beteiligten wird dagegen insbesondere hinsichtlich ihrer Interaktionswirkung mit der Motivationsstruktur der privatwirtschaftlichen Projektträger untersucht.

161 Vgl. zu einer im Ansatz analogen Argumentation bei der Analyse von Franchise-Verträgen Rubin, Paul H.: [Franchise Contract], 1978, S. 231.

- 60 -

4.2. Motivationsstruktur von Anlagenherstellern, Lieferanten, Betreibern und Abnehmern zur Beteiligung an der Projektgesellschaft

In diesem Abschnitt ist zu erklären, unter welchen Bedingungen es für die oben genannten Projektbeteiligten effizient ist, sich kapitalmäßig an einer Projektgesellschaft zu beteiligen.

In einem ersten Schritt ist dabei nach Gründen zu suchen, die den Verzicht auf marktnahe Koordinationsformen erklärlich machen. Auf einer zweiten Stufe ist dann zu fragen, warum eine Projektstruktur alternativen Hierarchieformen, wie dem unternehmerischen Alleingang oder der Übernahme des Transaktionspartners (takeover) vorgezogen wird.[162]

4.2.1. Abweichen von marktlichen Koordinationsformen

4.2.1.1. Rechtliche Hindernisse

Ein wesentlicher Entstehungsgrund für das Abweichen von marktlichen Koordinationsformen besteht in gesetzlichen Beschränkungen potentieller Importstaaten. Zu nennen sind dabei in erster Linie Bestimmungen hinsichtlich der Devisenbewirtschaftung. Aufgrund von Zahlungsbilanzproblemen wird dabei von Seiten der Importstaaten der freie Güter- und Kapitalverkehr eingeschränkt oder ganz unterbunden mit negativen Auswirkungen auf die internationalen Wirtschaftsbeziehungen dieses Landes.

Die Geschäftstätigkeit wird beschränkt auf Kontraktformen, die zu einem Kapitalimport beitragen und/oder zu einer Exporterhöhung der Güter und Dienstleistungen führen.[163]

Empirische Evidenz für die Bedeutung rechtlicher Beschränkungen für die

---

Hennart, Jean-F.: [Equity Joint Venture], 1988, S. 364 ff.

163 Backhaus, Klaus; Schill, Jörg; Sandrock, Jürgen: [Bedeutung der Projektfinanzierung], 1990, S. 9.

Eliminierung von marktnahen Koordinationsformen liefert Beamish. Er analysiert Entstehungsgründe von Joint Venture und konstatiert dabei, daß 57% der in Entwicklungsländern abgeschlossenen Joint Venture aufgrund von rechtlichen Beschränkungen und Verwaltungsauflagen gebildet werden.[164] In Industrieländern beträgt diese Rate noch 17%.

Diese Argumentation kann auf die Projektstruktur übertragen werden, da diese sich durch eine Joint Venture-Struktur auszeichnet. Daraus folgt dann, daß insbesondere in Entwicklungsländern eine hohe Wahrscheinlichkeit dafür besteht, daß Projektstrukturen sich aufgrund rechtlicher Hemmnisse bilden, die eine Auswahl marktnaher Koordinationsformen unmöglich machen.

4.2.1.2. Transaktionsspezifische Investitionen

4.2.1.2.1. Problem

Zu untersuchen ist, ob ein Abweichen von marktlichen Koordinationsbeziehungen innerhalb der Projektstruktur durch die Existenz transaktionsspezifischer Investitionen erklärbar wird.

Kennzeichnend für die Vertragsbeziehungen zwischen den Projektbeteiligten und der Projektgesellschaft ist deren Langfristigkeit. Dies gilt insbesondere für die Beziehungen mit den Anlageherstellern, bestimmten Lieferanten des Projekts, Betreibergesellschaften sowie den Abnehmern der Projektprodukte.[165]

Das Problem bei langfristigen Vertragsbeziehungen sind die möglicherweise auftretenden Spannungen zwischen den Vertragspartnern, die den gegenseitigen Nutzen der Vertragsbeziehungen ganz oder teilweise vernichten können. Diese Spannungen sind in erster Linie eine Funktion der Komplexität und der Unsicherheit hinsichtlich zukünftiger Umweltereignisse. Immer wenn ein bestimmter Umweltzustand eintritt, der von den Vertragspartnern nicht vollständig antizipiert wurde, steht die das besagte Risiko nicht tragende Ver-

---

164 Beamish, Paul W.: [Joint Ventures], 1988, S. 11.

165 Vgl. Kapitel 2.4.2.3.

tragsseite vor der Wahl, "whether to strictly enforce the initial risk assignment and thus capture a short-term gain, or to adjust the bargained for risk scheme voluntarily and thereby pursue a long-term cooperation goal."[166]

Problematisch werden langfristige Vertragsbeziehungen demzufolge immer dann, wenn eine Vertragsseite vor der Frage steht, ob sie Ansprüche der Gegenseite erfüllen soll oder nicht. Diese Ansprüche können sowohl expliziter als auch impliziter Natur sein.[167] Implizit sind Ansprüche einer Vertragsseite dann, wenn "they are too nebulous and state contingent to reduce to writing at a reasonable cost."[168]

Im dritten Kapitel wurde gezeigt, daß die Wahrscheinlichkeit der Erfüllung der Ansprüche, die ein Vertragspartner von der Gegenseite erwartet, abhängig ist von der Spezifität der Transaktion und denen dadurch errichteten Austrittsbarrieren. Mit der Höhe der Austrittsbarrieren für eine Vertragsseite steigen die Kosten, die eine Vertragsauflösung ex post für eine Seite verursacht und damit der Anreiz für die Gegenseite, durch einen hold up die Aneignung von sog. Quasi-Renten zu erwirken.[169]

---

166   Scott, Robert E.: [Risk Distribution], 1987, S. 55.

167   Eine Illustration für hold up von expliziten Ansprüchen bietet der Alcoa-Essex-Fall. In einem langfristigen Vertrag erklärte sich Alcoa 1967 bereit, jährlich eine bestimmte Menge Feinaluminium an Essex zu liefern. Der Vertrag enthielt eine variable Preisklausel, in dem der an Alcoa zu entrichtende Bezugspreis in Funktion des aktuellen Standes des Großhandelsindex' berechnet wurde. Probleme ergaben sich dadurch, daß die Produktionskosten für Alcoa infolge der Ölpreissteigerungen erheblich stärker stiegen, als dies durch den Großhandelsindex abgebildet wurde. 1979 bezog Essex von Alcoa Aluminium für 36 cents/Pfund, während am offenen Markt 73 cents/Pfund gezahlt wurde. Alcoa weigerte sich, unter diesen Bedingungen weiter unter dem Vertrag zu produzieren. Der Disput ging vor Gericht, wo ein beidseitiger Fehler bei der Vertragsindexierung konstatiert wurde und eine neue Indexierung beschlossen wurde, die den vom Gericht als berechtigt angesehenen Interessen der Alcoa entgegenkam. Vgl. o.V.: [Aluminium Co of America], 1980. Zum Problem der Preisanpassung im allgemeinen vgl. Goldberg, Victor: [Price Adjustments], 1985, S. 527.

168   Cornell, Bradford; Shapiro, Alan C.: [Corporate Stakeholders], 1987, S. 6.

169   Klein, Benjamin; Crawford, Robert G.; Alchian, Armen A.: [Vertical Integration] , 1978, S. 297.

4.2.1.2.2. Fallbeispiel

Daß spezifische Leistungsbeziehungen zu einem Abweichen von marktlichen Koordinationsformen führen, soll anhand eines Beispiels gezeigt werden.

Betrachtet seien die Industriestrukturen der Aluminiumindustrie. Empirisch feststellbar ist, daß die Koordination zwischen Bauxitminen und den weiterverarbeitenden Aluminiumfeinhütten mehrheitlich über innerbetriebliche Lieferbeziehungen stattfindet.[170]

Die Gründe der vertikalen Integration zwischen diesen Produktionsstufen liegen in der hohen Spezifität der genannten Leistungsbeziehungen. Zum einen ist Bauxit ein heterogenes Gut: In Anpassung an den jeweiligen Bauxittyp ist eine spezifische technologische Ausrichtung auf der Ebene der das Bauxit weiterverarbeitenden Aluminiumfeinhütten erforderlich, die nur zu hohen Kosten variiert werden kann; auszugehen ist daher von einer hohen Kapitalgutspezifität. Zum anderen ist aufgrund des relativ hohen Anteils der Transportkosten am Gesamtwert des Bauxits eine geographische Spezifität gegeben. Aus Rentabilitätsgründen sind die Feinhüttenunternehmen der Aluminiumindustrie gehalten, sich in möglichst naher Entfernung zur Bauxitmine anzusiedeln.[171]

Instruktiv ist in diesem Zusammenhang eine Betrachtung der Industriestrukturen innerhalb der Zinnindustrie. Obwohl produktionstechnisch ähnliche Produktionsphasen wie in der Aluminiumindustrie vorliegen, erfolgt hier die Koordination der Lieferbeziehungen mehrheitlich über Spotmärkte.[172]

Der Grund für diese Unterschiedlichkeit der Industriestrukturen liegt in einer niedrigeren Spezifität der Leistungsbeziehungen. Zum einen ist Zinn im Gegensatz zu Bauxit ein homogenes Gut. Die technologischen Gegebenheiten

---

[170] Stuckey, John: [Vertical Integration], 1983, S. 292.

[171] Vgl. zu einer Modellierung der Integrationstendenzen zwischen Unternehmen verschiedener Produktionsstufen Arrow, Kenneth J.: [Vertical Integration], 1975, S. 173.

[172] Hennart, Jean-F.: [Equity Joint Ventures], 1988, S. 365.

der das Zinnerz weiterverarbeitenden Zinnhütten sind einheitlich. Produktionstechnische Abhängigkeiten zwischen einzelnen Zinnminen und Zinnhütten liegen daher nicht vor. Die Kapitalgutspezifität ist niedrig.

Zum anderen ist bei Zinnerz als Halbedelmetall der Anteil der Transportkosten am Gesamtwert niedriger und mithin die geographische Spezifität zwischen Mine und Hütte geringer als innerhalb der Aluminiumindustrie.

Vertikale Integration erweist sich aufgrund der vergleichsweise geringen Möglichkeiten eines hold up als zu kostenintensiv. Effizient sind marktliche Koordinationsformen.

Das Beispiel illustriert die Relevanz des Spezifitätsgrades einer Transaktion für die Auswahlentscheidung der Koordinationsform. Je höher der Spezifitätsgrad, desto wahrscheinlicher sind vertikale Organisationsformen, da durch die Angleichung der Interessen der Vertragsparteien aneinander Verhaltensanreize zu opportunistischem Verhalten abgebaut werden. Erklärungsbeitrag für die Analyse der Projektstruktur als relationaler Vertragstyp liegt darin, daß eine Effizienz nur bei hinreichend hoher Spezifität der Transaktion gegeben ist, da ansonsten marktnähere Koordinationsformen vorgezogen würden.[173]

4.2.1.2.3. Relevanz für die Projektstruktur

Im folgenden sind die Möglichkeiten des hold up zu untersuchen, die sich in den Vertragsbeziehungen der Projektgesellschaft mit den Anlageherstellern, Zulieferern, Betreibern sowie den Abnehmern ergeben. Sie sollen nachfolgend zusammen mit den Möglichkeiten ihres Abbaus dargestellt werden.

---

[173] Bzgl. weiterer empirischer Evidenz für die Bedeutung der Güterspezifität bei der Erklärung vertikaler Koordinationsbeziehungen vgl. Joskow, Paul J.: [Asset Specificity], 1991, S. 117 ff, MacDonald, James M.: [Vertical Integration], 1985, S. 327 sowie Masten, Scott E.: [Organization of Production], 1984, S. 406 ff.

- 65 -

• Anlagenhersteller - Projektgesellschaft

Gefahr des hold up besteht bei dieser Vertragsbeziehung insbesondere hinsichtlich impliziter Ansprüche der Projektgesellschaft in der Betriebsphase des Projekts.[174]

Zu nennen sind dabei Wartungsarbeiten nach Fertigstellung oder die Lieferung von Ersatzteilen. Möglichkeiten des hold up bestünden in dem völligen Abbruch der Zusammenarbeit nach Fertigstellung oder in der überhöhten Preisstellung für Wartungsdienstleistungen bzw. Ersatzteile. Eine Eigenkapitalbeteiligung an der Projektgesellschaft kann die Gefahr eines derartigen Verhaltens vermindern. Sie kann als glaubwürdige Zusicherung interpretiert werden.[175]

Zugesichert wird ein projektförderliches Verhalten über die Dauer der Projektlaufzeit. Relevant ist diese Zusicherung aufgrund der genannten hold up-Risiken für die Betriebsphase des Projekts.[176] Durch hold up würde auch die eigene Eigenkapitalposition in der Projektgesellschaft angegriffen. Die Kosten eines opportunistischen Verhaltens für den Anlagenhersteller erhöhen sich also durch Begebung einer Kapitaleinlage. Damit besteht ein Anreiz, auf ein derartiges Verhalten zu verzichten.

• Lieferant - Projektgesellschaft

Gefahr des hold up bei Lieferbeziehungen bestehen aufgrund möglicher Abhängigkeiten der Projektgesellschaft von einer ununterbrochenen Belieferung

---

174 Forster, Meinhard: [Unternehmenspolitische Überlegungen], 1985, S. 51.

175 Projekte, in denen die Anlagenhersteller als alleinige Eigenkapitalgeber der Projektgesellschaft auftreten und bei denen ein Übertragung der Eigenkapitalanteile an die Regierung des Gastlandes nach einer bestimmten, im vornherein festgesetzten Betriebszeit erfolgt, werden als "BOT (build, operate, transfer)-Projekte" bezeichnet. Vgl. o.V.: [Asian Project Finance], 1989, S. 1 ff.

176 Hinsichtlich der Durchsetzbarkeit dieser Zusicherung während der Errichtungsphase bestehen i.d.R. keine Zweifel aufgrund der durch den Anlagehersteller abgegebenen Fertigstellungsgarantie, die sehr detailliert die von diesem geforderten Leistungen festlegt. Vgl. Hinsch, Ludwig C.; Horn, Norbert: [Vertragsrecht], 1985, S. 252.

zur Aufrechterhaltung des Betriebs. Zu nennen sind z.B. Verträge, die den Bezug von Elektrizität oder Rohstoffen regeln.[177]

Eine Lösung dieses Problems kann in dem Abschluß von Zulieferverpflichtungen bestehen. Fraglich ist jedoch für den Projektträger, ob und zu welchen Kosten eine solche Vereinbarung im Streitfall auch durchsetzbar wäre. Zu untersuchen sind also die Kosten, die ein hold up von expliziten Ansprüchen der Projektgesellschaft beim Lieferanten verursachen würde. Eine Eigenkapitaleinlage trägt zu einer Erhöhung dieser Kosten bei, da das hold up - analog zum obigen Fall des Anlagenherstellers - auch den Wert der eigenen Beteiligung angreift. Durch eine Eigenkapitaleinlage vermindert sich für die Projektgesellschaft das Risiko eines möglicherweise kostspieligen Streitfalls und mithin die Gefahr einer Betriebsunterbrechung.

• Betreiber/Abnehmer - Projektgesellschaft

Das Problem des hold up stellt sich wie im Fall der Vertragsbeziehung zwischen Zulieferer und Projektgesellschaft aufgrund von Zweifeln der Projektgesellschaft hinsichtlich der Durchsetzbarkeit des Betreibervertrages bzw. der Abnahmeverpflichtung. Der Abbau des hold up-Risikos erfolgt analog.

• Fazit

Als Fazit kann festgehalten werden, daß mit dem Konzept des hold up wichtige Bestandteile der Projektstruktur erklärt werden können.[178] Analytisch erfaßbar wird insbesondere die Eigenkapitalbeteiligung von Zulieferern, Anla-

---

177   Nevitt, Peter K.: [Project Financing], 1989, S. 276.

178   Verwiesen ein in diesem Zusammenhang auf das von Telser eingeführte Konzept der "self enforcing contracts". Ausgangspunkt dieses Konzepts ist die Überlegung, daß dort, wo dritte Personen zur Streitschlichtung fehlen, Parteien versuchen, selbstdurchsetzende Verträge zu gestalten. Ein Vertrag gilt als selbstdurchsetzend, wenn beide Parteien in jedem Einzelzeitpunkt vom Vertragsschluß bis zur letzten Erfüllungshandlung der Auffassung sind, sie stünden sich durch die fortgesetzte Erfüllung des Vertrages besser als durch den Bruch des Vertrages. Telser, Lester G.: [Self-enforcing Agreements], 1980, S. 27.

- 67 -

geherstellern, Betreibern und Abnehmern der Projektgesellschaft.[179]

4.2.1.3. Transaktionskosten des Bewertens und Austauschens von Informationen

Neben transaktionsspezifischen Investitionen, wie sie im vorherigen Abschnitt dargestellt wurden, können Transaktionskosten auch in Zusammenhang mit dem Inputfaktor Information entstehen.[180] Sie werden durch Opportunismus und beschränkte Rationalität der Wirtschaftssubjekte verursacht. Eine Internalisierung kann sich in dieser Situation als kostenminimal erweisen.[181] Um diese Aussage zu präzisieren, sollen im folgenden die Informationsprobleme in den Transaktionsphasen der Bewertung einerseits und des Austausches andererseits getrennt betrachtet werden.[182]

4.2.1.3.1. Offenlegen und Bewerten von Information

Bedingt durch die Eigenschaften der Informationen können diese nicht selbständig gehandelt werden. Angesprochen ist damit das von Arrow definierte Informationsparadoxon: Der Käufer von Informationen kann vor dem Kauf nicht über die genauen Eigenschaften der Informationen unterrichtet werden, da dadurch die Informationen selbst offenbart würden und der Käufer sie ohne Kosten erwerben würde.[183] Bei dem Transfer von Know-how liegt also grundsätzlich eine Informationsasymmetrie vor zwischen Käufer und Verkäufer, die der Verkäufer opportunistisch ausnutzen kann.

---

[179] Schanze stellt dazu fest, "daß die beauftrage, mit Sachkompetenz ausgestattete Projektkorporation im Rahmen der laufenden Aufgabenerledigung Streitfragen ausräumen kann, die in einer klassischen Langzeitvertragsbeziehung zwischen den Parteien frontal ausgetragen werden müßten. Insofern fungiert die Projektkorporation ... als Schlichtungsinstanz und erübrigt teilweise die Einschaltung außenstehender Dritter". Schanze, Erich: [Investitionsverträge], 1986, S. 182.

[180] Unter Information wird in dieser Untersuchung zweckorientiertes Wissen verstanden. Vgl. Wittmann, Waldemar: [Information], 1980, Sp. 699.

[181] Williamson, Oliver E.: [Institutions], 1985, S. 261.

[182] Büchs, Matthias: [Markt und Hierarchie], 1991, S. 12.

[183] Arrow, Kenneth J.: [Economic welfare], 1962, S. 615; Arrow, Kenneth J.: [Risk-Bearing], 1971, S. 226 f.

• Informationsmärkte

Diese Informationsasymmetrie kann durch marktliche Koordination bzw. einfachen Vertragsabschluß auf folgende Arten abgebaut werden:[184]

• durch die Einbettung des Know how in ein physisches Gut; bestimmtes Know how, z.B. eine Technologie, kann bei der Herstellung einer Anlage verwendet werden und so übertragen werden.

• durch Patente;
andere Arten von Wissen, insbesondere über ältere Technologien, bei denen der Käufer eine klare Vorstellung über den Wert der Informationen hat, können in kodifizierter Form vollständig übertragen werden. Die Formel für eine chemische Verbindung oder die Blaupause für ein bestimmtes Gerät sind dann möglicherweise alles, was zur Durchführung eines Wissenstransfers erforderlich ist.[185]

• Transaktionskosten auf Informationsmärkten

Darüber hinaus gibt es Wissen, das weder durch Produkte, noch durch schriftliche Kodifizierung hinreichend genau übertragen werden kann. Hierbei handelt es sich um neues Wissen, das sich für den Erwerber nur unzulänglich definieren läßt.[186] Beispiele hierfür sind aktuelle Kenntnisse eines bestimmten Marktes oder das Wissen über ein innovatives Herstellungsverfahren. Bei einer Kodifizierung dieses Wissens - etwa in Form einer Studie oder einer Graphik - droht opportunistisches Verhalten, da der Erwerber nicht weiß, ob der Wissensgeber einen überhöhten Preis für die dargereichten In-

---

184 Hennart, Jean-F.: [Transaction-Cost Rationale], 1989, S. 133.
185 Williamson, Oliver E.: [Institutions], 1985, S. 293.
186 Nelson, Richard R.: [Assessing private enterprise], 1981, S. 34.

formationen verlangt oder ob tatsächlich alle erforderlichen Informationen übertragen werden. Die Transaktionskosten bezeichnen in diesem Fall die Kosten des überhöhten Preises bzw. die für den Erwerber entstehenden Kosten eines unvollständigen Informationstransfers. Alchian/Demsetz zeigen, daß diese Transaktionskosten durch interne Organisation verringert werden können.[187]

4.2.1.3.2. Austausch von Informationen

Probleme mit dem Inputfaktor Information enstehen auch in der Phase des Austausches von Information. Transaktionskosten entstehen hier aufgrund der ohne einen gleichzeitigen Transfer von Humankapital nur unvollständigen Mitteilbarkeit von Informationen.[188]

Polanyi spricht in diesem Zusammenhang von "tacit knowledge" und meint damit aufbauend auf Barnard Wissen, das sich nicht in Worte fassen läßt bzw. nur durch engen persönlichen Kontakt übertragbar ist. Als Beispiel erwähnt er die Fertigkeit zum Geigenbau des kaum des Lesens mächtigen Stradivari, die verlorenging, da sie nicht auf nachfolgende Generationen übertragen wurde. Die in dem physischen Produkt enthaltenen und aufgrund umfangreicher chemischer und physikalischer Analysen durchaus zugänglichen Informationen reichen offenbar nicht aus, um heutzutage Produkte gleicher Qualität zu fertigen.[189]

Ein Beispiel aus neuerer Zeit für länderspezifische Unterschiede des Anteils von tacit knowledge bei Informationsübertragungen liefert der von Ohmae zitierte Lizenzvertrag zwischen Honda (Lizenzgeber) und British Leyland (Lizenznehmer) zur Produktion des Wagentyps "Ballade" in Großbritannien, der Schulungsmaßnahmen durch Honda miteinschloß. Honda, ausgehend

---

[187] Alchian, Armen A.; Demsetz, Harold: [Information], 1972, S. 793.

[188] "In short, the transfer of knowledge may be impossible in the absence of the transfer of people". Vgl. Teece, David J.: [Transfer], 1981, S. 86. Killing kommt zu dem Ergebnis, daß der erfolgreiche Austausch von Know how wesentlich vom persönlichen Kontakt der Vertragspartner abhängt. Vgl. Killing, J. Peter: [Success], 1983, S. 90.

[189] Polanyi, Michael: [Personal Knowledge], 1962, S. 53; Barnard, Chester: [Functions of the Executive], 1938, S. 291.

von der eigenen Erfahrung, erwartete, daß die Schulung einiger weniger Ingenieure und Vorarbeiter ausreichen würde, um die schriftlich dargereichten Informationen zu ergänzen. Stattdessen erwies es sich wegen der für Großbritannien typischen Parzellierung der Mitarbeiterschaft in einzelne Gewerkschaftsgruppen und deren Abgegrenztheit voneinander sowie infolge der Enge der Aufgabenstellung für die einzelnen Mitarbeiter schließlich als nötig, 300 britische Ingenieure und Vorarbeiter in Japan zu schulen.[190]

Festgehalten werden kann, daß bei Informationen mit einem hohen "tacit"-Charakter der Austausch erst durch einen Transfer von Humankapital, z.B. in Form eines Beratungsteams ermöglicht wird. Im Falle eines nur temporären Transfers von Humankapital ergibt sich das Problem einer transaktionsspezifischen Investition. Liegt opportunistisches Verhalten vor, besteht für den Erwerber der Information die Gefahr, daß die Information nur unvollkommen übertragen wird. Eine Internalisierung einer solchen Transaktion erweist sich dann tendenziell als effizient. Für den Fall, daß ein zeitweiser Transfer von Personal nicht möglich ist, stellt sie ohnehin den einzigen Weg zur Informationsübertragung dar.[191]

4.2.1.3.3. Relevanz für die Projektstruktur

Zu untersuchen sind die innerhalb einer Projektgesellschaft ausgetauschten Informationen. Unterschieden werden kann zwischen drei Arten von Informationen:[192]

• Know how zum Management und Betrieb eines Projekts
• länderspezifisches Know how
• technisches Know how

Probleme des Offenlegens und Bewertens sowie des Austausches von In-

---

190 Ohmae, Kenichi: [Shape of Global Competition], 1985, S. 71 f.

191 Kogut, Bruce: [Ventures], 1988, S. 323.

192 Vgl. in Abgrenzung dazu Hennart, Jean-F.: [Equity Joint Venture], 1988, S. 370. Dieser unterscheidet zwischen länderspezifischem Know how, "tacit technology" und Distributions-Know how als Bestimmungsgrund für das Eingehen eines Joint Venture.

- 71 -

formationen ergeben sich für die ersten beiden Arten von Know how. Sowohl Management- als auch länderspezifisches Know how zeichnen sich insbesondere durch eine hohe "tacit"-Komponente aus. Erst durch den Transfer von Humankapital können bestimmte Informationen bezüglich des Managements oder des Verhaltens auf den lokalen Märkten übertragen werden.

Bei dem in einem Projekt verwendeten technischen Know how kann dagegen von geringen Problemen der Bewertung und Übertragung ausgegangen werden, da Gegenstand von Projekten nicht innovative Technologien sind, für die Bewertungsprobleme entstehen könnten. Zurückgegriffen wird vielmehr auf bereits verwendete Technologien, für die ein Marktpreis existiert.[193]

Aufgrund ihrer Bekanntheit und weitgehenden Erprobung in anderen Projekten bereitet die Übertragung dieser Technologien durch Einbettung innerhalb der zu errichtenden Anlage nur geringe Schwierigkeiten. Durch detaillierte Vertragsabschlüsse und Festsetzung bestimmter Leistungsanforderungen läßt sich ein opportunistisches Zurückhalten von technischem Know how weitgehend vermeiden.

Festgehalten werden kann, daß die Märkte für Management- und länderspezifisches Know how durch Transaktionskosten gekennzeichnet sind. Fraglich ist, inwiefern eine Projektstruktur zu einem Abbau der genannten Transaktionskostenprobleme beiträgt.

4.2.1.3.4. Abbau der Transaktionskosten des Bewertens und der Übertragung von Informationen durch eine Projektstruktur

Mit einer Projektstruktur wird eine hierarchische Organisationsform geschaffen. Durch die Festschreibung eines Joint Venture-Vertrages und die Einrichtung einer Gesellschaftsstruktur kommt es zu einer Internalisierung der Transaktion(en). Der Anreiz zu opportunistischem Verhalten seitens der Wissensgeber schwindet durch die Beteiligung der Joint Venture-Partner an der Gesellschaft. Die geleistete Eigenkapitaleinlage in Verbindung mit den vertraglichen Zusicherungen hinsichtlich der Informationsübertragung kann als

---

[193] Hartshorn, Timothy; Busink, Nick: [Projektfinanzierung], 1987, S. 236.

glaubhafte Zusicherung interpretiert werden.[194] Zugesichert wird eine vertraglich vereinbarte Informationsübertragung an die Projektgesellschaft. Glaubhaft wird diese Zusicherung durch die Eigenkapitaleinlage der Wissensgeber. Damit ist eine Wohlstandsposition eingebracht, die durch eine Nichterfüllung der vertraglichen Abmachungen ganz oder teilweise zerstört wird.[195]

4.2.1.4. Abweichen von marktlichen Koordinationsformen - Fazit

Das Abweichen von marktlichen Koordinationsformen kann auf drei Gründe zurückgeführt werden. Zunächst ist als rechtlicher Bestimmungsgrund auf die juristischen Rahmenbedingungen eines Landes zu verweisen, die der Durchführung von marktlichen Transaktionen, wie etwa Importgeschäften, Beschränkungen, z.B. in Form einer staatlichen Devisenkontingentierung, auferlegen. Insbesondere für die wirtschaftlichen Beziehungen mit Entwicklungsländern kann ausgehend von der empirischen Evidenz eine hohe Relevanz dieses Arguments für die Entstehung von nicht-marktlichen Koordinationsformen konstatiert werden.

Als ökonomische Bestimmungsgründe für hierarchienahe Koordinationsformen kann darüber hinaus auf zwei unterschiedliche Transaktionskostenarten verwiesen werden. Zum einen können transaktionsspezifische Investitionen die Entstehung von Transaktionskosten auf den Gütermärkten verursachen. Zum anderen können Probleme einer marktlichen Koordination auch in Zusammenhang mit dem Inputfaktor Information entstehen. Zu nennen sind Schwierigkeiten der Bewertung und des Austausches von Informationen.

Transaktionsspezifische Investitionen können im Verhältnis aller hier betrach-

---

[194] Vgl. Gilley, Otis W.; Karels, Gordon V.; Lyon, Randolph M.: [Joint Ventures], 1985, S. 321, die am Beispiel von Offshore-Ölexplorationen die These belegen, daß ein wesentliches Motiv von Joint Venture-Strukturen im Austausch von Informationen besteht.

[195] Vgl. Kapitel 5; vgl. Shan, Weijian: [Sharing Arrangements], 1991, S. 553 ff, der in seiner Arbeit empirische Belege dafür liefert, daß der Eigenkapitalanteil bei Joint Ventures als glaubhafte Zusicherung im Sinne Williamsons zu interpretieren ist.

teten Projektbeteiligten mit der Projektgesellschaft konstatiert werden. Hold up-Gefahren drohen insbesondere aufgrund von Problemen der Durchsetzbarkeit vertraglicher Vereinbarungen. Auch Transaktionskosten der Bewertung und Übertragung von Informationen als ein möglicher Erklärungsgrund für die Existenz von Projektstrukturen können festgestellt werden. Zu nennen ist der bei Projekten anzutreffende Transfer von Management- und länderspezifischem Know how.

Hinsichtlich ihres Zusammenwirkens bei der Erklärung hierarchischer Koordinationsformen weisen die genannten Argumente additiven Charakter auf. Jeder der genannten Faktoren bewirkt tendenziell die Einrichtung hierarchienaher Organisationsformen. Ein gemeinsames Vorliegen aller drei Faktoren erhöht die Wahrscheinlichkeit, daß von der Auswahl marktnaher Koordinationsformen Abstand genommen wird.

4.2.2. Projektstruktur vs. hierarchische Koordinationsformen

Zu untersuchen sind in diesem Abschnitt die Bedingungen, bei denen sich eine Projektstruktur gegenüber alternativen hierarchischen Koordinationsformen als effizient erweist. Zu nennen ist dabei der unternehmerische Alleingang sowie die Akquisition des Transaktionspartners.

4.2.2.1. Staatliche Auflagen

Ein wichtiger Bestimmungsgrund für die Wahl einer Projektstruktur ist zunächst in der Existenz staatlicher Auflagen zu sehen, die einen unternehmerischen Alleingang untersagen und über eine Beteiligung staatlicher Institutionen an der Projektgesellschaft verfügen. Derartige Auflagen sind vorwiegend bei Projekten in Entwicklungsländern üblich, wenn dadurch die Aktivitäten ausländischer Investoren kontrolliert werden sollen.[196]

---

[196] Hartshorn, Timothy; Busink, Nick: [Projektfinanzierung], 1987, S. 232; Beaudan, Eric Y.: [Eurotunnel], 1988, S. 49.

4.2.2.2. Skalen- und Verbundvorteile

Als Alternative zur Projektstruktur ist in diesem Abschnitt der unternehmerische Alleingang zu sehen. Um niedrige Stückkosten bei der Herstellung bestimmter Güter zu erzielen, kann das Erreichen einer kritischen Masse
("optimale Betriebsgröße") hinsichtlich der Ausbringungsmenge erforderlich
sein.[197] Wenn diese oberhalb der von einem einzelnen Unternehmen darzustellenden Produktions- bzw. Finanzierungskapazität liegt, empfiehlt sich das
Zusammenlegen der Ressourcen von mehreren Unternehmen mit symmetri-
scher Interessenlage und komplementärer Leistungsstruktur.[198]

Für die Beteiligten eines Projekts kann von einer derartigen
symmetrischen Interessenstruktur ausgegangen werden. Motiv ist jeweils die
Sicherung und Stärkung der eigenen Marktposition entweder durch die
Schaffung von Absatzmärkten - für den Fall der Zulieferer und Anlagenhersteller - oder durch die langfristige Sicherung bestimmter Güterlieferungen -
für den Fall der Abnehmer. Die Komplementarität der Leistungsbeziehungen
innerhalb eines Projektes ist durch die funktionale Einteilung in verschiedene
Gruppen von Sponsoren evident.[199]

4.2.2.3. Senkung der Finanzierungskosten

Ein weiterer Bestimmungsgrund für die Projektstruktur ist in den gegenüber
einer alleinigen Projektdurchführung möglichen Senkung der Finanzierungskosten für die einzelnen Projektbeteiligten zu sehen. Nachfolgend wird zwischen ökonomischen, mit Hilfe kapitalmarkttheoretischer Überlegungen abgeleiteten Argumenten und metaökonomischen, aus einer bestehenden
Struktur von Verfügungsrechten resultierenden Bestimmungsgründen unterschieden.

---

[197] Busse von Colbe, Walter: [Unternehmensgröße], 1984, Sp. 574.

[198] Hennart, Jean-F.: [Equity Joint Venture], 1988, S. 363.

[199] Vgl. Kapitel 2.3.1.

4.2.2.3.1. Kapitalmarkttheoretische Bestimmungsgründe

Im folgenden sollen zunächst kapitalmarkttheoretische Überlegungen zur Erklärung der Beteiligung potentieller Projektträger an einer Projektstruktur untersucht werden. Vorgestellt werden zwei Modelle: zum einen ein Modellansatz von Chen/Kensinger/Martin, der auf Qualitätsunsicherheit zwischen Investoren und Unternehmensinsidern basiert, zum anderen der bereits dargestellte Ansatz von John/John, der von einem moral hazard-Problem zwischen Fremdkapitalgebern und Unternehmung ausgeht.[200]

In beiden Modellen werden Existenzgründe der Projektfinanzierung analysiert. Chen/Kensinger/Martin verstehen unter Projektfinanzierung eine Methode der externen Finanzierung.[201] Neben dem Eigenkapitalanteil des betrachteten Sponsors erfolgt die Finanzierung vorwiegend durch externes Eigen- und Fremdkapital. Implizit wird bei diesem Begriffverständnis von der Einrichtung einer rechtlich und wirtschaftlich unabhängigen Unternehmenseinheit sowie einer Joint Venture-Struktur ausgegangen und damit von dem dieser Arbeit zugrundegelegten Projektbegriff. Ein ähnlicher Projektbegriff liegt der Modellierung von John/John zugrunde.[202] Aus der Modellierung ergeben sich Implikationen für die Finanzierungskosten des jeweiligen Sponsors bei einer Projektbeteiligung. Daraus ableitbar sind Entscheidungen bezüglich einer Projektbeteiligung für den jeweiligen Sponsor.[203]

---

[200] Vgl. Kapitel 2.5.4.

[201] Chen, Andrew H.; Kensinger, John W.; Martin, John D.: [Project Financing], 1990, S. 10.

[202] Ausgegangen wird in diesem Modell lediglich von der rechtlichen und wirtschaftlichen Ausgliederung eines Investitionsvorhabens aus einem bestehenden Unternehmensverband. Der Begriff ist demnach weiter gefaßt als der dieser Arbeit zugrundegelegte Projektbegriff. Die Anwendbarkeit der abgeleiteten Aussagen für diese Untersuchung ist mithin gegeben. Vgl. John, Teresa A.; John, Kose: [Project Financing], 1991, S. 51.

[203] Aufgrund dieser Problemstellung hat eine Erörterung der genannten Modelle an dieser Stelle und nicht bei der Analyse der Vertragsstruktur einer Projektfinanzierung zu erfolgen.

4.2.2.3.1.1. Projektfinanzierung als Instrument zum Erhalt des internen Fi-
nanzierungspotentials der Projektsponsoren

• Aussagen

Auszugehen ist von einem Problem der Qualitätsunsicherheit, wie es von
Akerlof beschrieben wird. Märkte können versagen, wenn die potentiellen
Käufer die Qualität der Produkte, die sie kaufen, nicht untersuchen kön-
nen.[204] Myers/Majluf konstatieren Qualitätsunsicherheit am Kapitalmarkt. Un-
ternehmensinsider als Verkäufer von Finanzierungstiteln besitzen bessere
Informationen hinsichtlich des Wertes der finanzierten Unternehmung als die
Investoren.[205] Die Investoren erkennen diesen Informationsvorsprung und
antizipieren etwaige negative Effekte durch eine erhöhte Risikoprämie. Das
Unternehmen kann dadurch geneigt sein, auf gute Investitionsmöglichkeiten
zu verzichten. Es drohen Wohlstandsverluste (Agency Costs) aufgrund von
Unterinvestitionen.

Ausgehend von diesem Problem wird die "pecking order"-Hypothese der Finanzierung formuliert. Zugrundegelegt wird dabei der Fall, daß einem Unternehmen mehrere Investitionsmöglichkeiten offenstehen. Postuliert wird, daß
interner cash flow als Finanzierungsinstrument um so vorteilhafter wird, je
höher die Qualitätsunsicherheit zwischen Insidern und potentiellen Investoren hinsichtlich des Risikos der Investition ist. Je geringer diese Qualitätsunsicherheiten werden, desto eher kann auf externe Formen der Finanzierung
ausgewichen werden. Dabei werden von dem Unternehmen mit abnehmen-
der Präferenz besicherte Kredite, unbesicherte Kredite und externes Eigenkapital als Finanzierungsformen gewählt.[206]

204 Akerlof, George A.: [The market for "lemons"], 1970, S. 488.
205 Myers, Stewart C.; Majluf, Nicholas S.: [Corporate Financing], 1984, S. 196.
206 Vgl. die Unterscheidung zwischen inside und outside debt sowie inside und outside
equity bei Fama, Eugene F.: [What's Different], 1985, S. 36 und Jensen, Michael C.;
Meckling, William H.: [Theory of the Firm], 1976, S. 312 ff. Zu einer Analyse des auf
den amerikanischen Kapitalmärkten feststellbaren Trends von externer
Eigenfinanzierung zu einem verstärkten Einsatz öffentlichen und privaten
Fremdkapitals vgl. Jensen, Michael C.: [Eclipse of the public corporation], 1991, S.
117 ff.

Angenommen wird in dem Modellansatz von Chen/Kensinger/Martin, daß für Investitionsvorhaben mit hohem strategischen Wert für den Sponsor gleichzeitig hohe Qualitätsunsicherheit am Kapitalmarkt besteht. Zur Finanzierung derartiger Projekte wird daher auf internen cash flow zurückgegriffen.[207]

In dieser Interpretation stellt der interne cash flow sowie das Potential zur Aufnahme besicherten Fremdkapitals eine Option dar, die zur Realisierung von Investitionsmöglichkeiten genutzt werden kann, welche bei anderen Finanzierungsformen hohe Agency Costs aufgrund der besagten Informationsasymmetrien verursachen würden.

Diese Option kann dadurch erhalten werden, daß Investitionsvorhaben mit niedriger Qualitätsunsicherheit an Investoren verkauft, d.h. extern finanziert werden. Derartige Investitionsvorhaben werden als transparent bezeichnet. Unter Transparenz wird dabei ein Zustand verstanden, bei dem die besagten Agency Costs einer externen Finanzierung niedrig sind und mithin aus Sicht des Sponsors ein fairer Preis erzielt werden kann.

Projektfinanzierung - vornehmlich auf externen Finanzierungsformen basierend - wird in diesem Sinne als eine Finanzierungsmethode zur Darstellung transparenter Projekte verstanden. Sie wird in Situationen eingesetzt, bei denen den Sponsoren niedrige Agency Costs einer externen Finanzierung entstehen. Das Unternehmen kann so sein internes Finanzierungspotential für solche Vorhaben bewahren, die hohe Agency Costs der externen Finanzierung verursachen würden und mithin den Wert der Wachstumsoptionen des Unternehmens verbessern.

Diese Argumentation soll durch Darstellung innerhalb des Optionspreismodells von Black/Scholes verdeutlicht werden.[208] Dabei soll die Investitionsentscheidung als eine Kaufoption (C) angesehen werden, deren Wert in erster Linie abhängt von dem augenblicklichen Wert des Investitionsvorhabens (S) und den Finanzierungskosten (X). Die durch Qualitätsunsicherheit verursachten Agency Costs führen zu einer Erhöhung der Finanzierungskosten.

[207] Chen, Andrew H.; Kensinger, John W.; Martin, John D.: [Project Financing], 1990, S. 9.

[208] Black, Fisher; Scholes, Myron: [Pricing of Options], 1973, S. 637.

Die Möglichkeit zur Finanzierung eines Investitionsvorhabens mit hoher Qualitätsunsicherheit durch internen cash flow (X_1) führt daher im Vergleich zu einer externen Finanzierung (X_2) zu niedrigeren Finanzierungskosten.

Um die Einflußfaktoren des Wertes der finanziellen Flexibilität klarer bestimmen zu können, sei angenommen, daß das Unternehmen ein einziges Investitionsvorhaben mit dem erwarteten Ertrag Wert S besitze, das eine Standardabweichung von σ aufweist.

Die Option habe eine verbleibende Lebensdauer von t, bevor sie ausläuft; der risikolose Zinssatz betrage r. Der Wert der finanziellen Flexibilität vor Ablauf der Option ist dann die Differenz zwischen dem Preis der beiden Kaufoptionen:

$$C(S, X_1, t) - C(S, X_2, t)$$

Black/Scholes zeigen, daß die Differenz immer positiv ist. Für sehr kleine Änderungen des Ausübungspreises verändert sich der Wert der Kaufoptionen unter den Annahmen von Black/Scholes wie folgt:

$$\frac{\delta C}{\delta X} = - e^{-rt} N \left(\frac{\ln(S/X) + rt}{\sigma \sqrt{t}} - \frac{\sigma \sqrt{t}}{2} \right),$$

wobei N (...) die kumulative, standardisierte Normalverteilung ist.

Wesentlichen Einfluß auf die Sensitivität des Optionswertes hat mithin die Höhe des Quotienten aus dem erwarteten Ertrag des Investitionsvorhabens (S) und den Finanzierungskosten (X). Je größer dieser Quotient ist, desto stärker steigt der Wert der Option bei einer Reduktion der Finanzierungskosten. Gleiches gilt für abnehmende Risikowerte (σ) des Investitionsvorhabens.

Der Wert der finanziellen Flexibilität hängt daher direkt von der Höhe von S, d.h. dem Umfang der Wachstumsmöglichkeiten ab, die ein Unternehmen besitzt. Je mehr Investitionsvorhaben mit positivem Gegenwartswert ein Unternehmen aufweist, desto größer werden die Vorteile, die sich durch die Einrichtung einer Projektstruktur zur Darstellung der transparenten Investitionsvorhaben ergeben. In diesem Sinn kann die Entscheidung des Managements zum Eintritt in eine Projektstruktur und mithin die Ankündigung einer Projektfinanzierung als ein positives Signal an den Kapitalmarkt hinsichtlich der Bewertung der Wachstumschancen des Unternehmens in anderen Bereichen gewertet werden.

• Fazit

Argumentiert wird in diesem Erklärungsansatz mit Agency Costs aufgrund von Qualitätsunsicherheit. Gemäß der "pecking order"-Hypothese der Finanzierung werden Investitionen mit niedrigen Agency Costs vornehmlich durch externe Formen der Finanzierung dargestellt.[209] Projektfinanzierung als Ansammlung mehrheitlich externer Finanzierungsformen wird demnach für Investitionsvorhaben eingesetzt, bei denen die besagten Agency Costs niedrig sind. Derartige Investitionsvorhaben werden als transparent bezeichnet.

Attraktiv ist die Koordinationsform eines Projekts für solche Unternehmen, die mehrere Investitionsvorhaben mit jeweils unterschiedlichen Graden der Transparenz aufweisen. Eine Projektstruktur als eine Methode zur vorwiegend externen Finanzierung trägt dazu bei, internen cash flow für die Darstellung solcher Vorhaben aufzubewahren, für die hohe Qualitätsunsicherheit am Kapitalmarkt besteht. Damit erhöht sich die finanzielle Flexibilität für die Projektsponsoren.[210] Als überprüfbare Hypothese kann daraus abgeleitet werden, daß die Entscheidung eines Unternehmens zum Eintritt in ein Projekt und damit zu einer Projektfinanzierung als ein positives Signal an den Kapitalmarkt bezüglich der Einschätzung der Wachstumschancen des Unternehmens in anderen Bereichen angesehen wird.

---

[209] Zu einer Übertragung dieser Argumentation auf die Analyse von carve-outs vgl. Schipper, Katherine; Smith, Abbie: [Equity Carve-Outs], 1986, S. 182.

[210] Zur Bedeutung der Flexibilität als Entscheidungskriterium zum Eintritt in eine Joint Venture-Struktur vgl. Jarillo, J. Carlos: [Networks], 1988, S. 35 sowie Contractor, Farok J.; Lorange, Peter: [Cooperative Ventures], 1987, S. 16.

4.2.2.3.1.2. Projektfinanzierung als Instrument zum Abbau von ex post-Informationsasymmetrien zwischen Fremdkapitalgebern und Unternehmung[211]

Ausgegangen wird von dem Agency Costs-Modell von Myers, das eine
Agency-Beziehung zwischen Kreditgebern und Unternehmensinsidern mo-
delliert.[212] Letztere haben hinsichtlich der Ausübung von Investitionsentscheidungen einen diskretionären Handlungsspielraum. Auch hier besteht
die Gefahr von Agency Costs aufgrund eines Unterinvestitionsanreizes, da
die Unternehmensinsider im Eigeninteresse handeln und daher tendenziell
Interessen der Fremdkapitalgeber vernachlässigen.

Als wesentlicher Aspekt der Projektfinanzierung wird in diesem Modell die
rechtliche und wirtschaftliche Ausgliederung eines Investitionsvorhabens aus
dem bestehenden Unternehmensrahmen bezeichnet.[213] Gezeigt werden
kann, daß eine Projektstruktur in diesem Sinne die Anreize zur Unterinvestition verringert. Argumentiert wird mit einem Wertgewinn aufgrund einer dem
jeweiligen Projekt-cash flow besser angepaßten Allokation von Fremdkapital.[214]

Die Hypothese lautet folglich: Je stärker sich die Investitionsvorhaben eines
Unternehmens hinsichtlich ihres erwarteten cash flow unterscheiden, desto
höher ist der Wertzuwachs für die Gesamtunternehmung durch die Einrichtung von Projektstrukturen.

Daraus ableitbar ist analog der Modellierung von Chen/Kensinger/Martin ein
positiver Ankündigungseffekt auf den Aktienpreis der Mutterunternehmung,

---

211 Vgl. Kapitel 2.5.4. mit einer ausführlichen Darstellung des Modells.

212 Myers, Stewart C.: [Corporate Borrowing], 1977, S. 147.

213 John, Teresa A.; John, Kose: [Project Financing], 1991, S. 51.

214 Worenklein bemerkt zu den durch Ausgliederung erreichbaren
Kapitalkosteneinsparungen: "Studies carried out by the electric utility companies of
New York state have indicated that the project financing and construction of generating
facilities through a generating company approach could result in savings equal to 20
per cent of the capital cost of new generating facilities. Vgl. Worenklein, Jacob J.:
[Project Financing], 1981, S. 39.

wenn der Eintritt in ein Projekt bekannt gegeben wird.

4.2.2.3.1.3. Kapitalmarkttheoretische Bestimmungsgründe - Fazit

Gezeigt werden kann, daß Projektfinanzierung zu einem Abbau von Qualitätsunsicherheit zwischen Unternehmensinsidern und Investoren einerseits
und von moral hazard zwischen Unternehmensinsidern und Kreditgebern
andererseits beiträgt. Ausgegangen wird dabei von einem Begriffsverständnis der Projektfinanzierung, das zum einen dessen Charakter als Methode für
eine vornehmlich externe Finanzierung und zum anderen den Tatbestand
der rechtlich und wirtschaftlichen Ausgliederung eines Projekts aus einem
bestehenden Unternehmensverbund in den Vordergrund der Betrachtung
rückt. Damit werden Merkmale des dieser Arbeit zugrundegelegten Projekt-
begriffs erklärt.

Konstatiert werden identische Ergebnisse: Projektfinanzierung bewirkt eine
Erhöhung des (Gesamt-)Unternehmenswertes und mithin tendenziell eine
Verminderung der Kapitalkosten.

4.2.2.3.2. Verfügungsrechtliche Bestimmungsgründe

Gemäß des Ansatzes von Furobotn/Pejovich soll im folgenden untersucht werden, welchen Einfluß eine bestimmte Struktur der Verfügungsrechte auf die ökonomische Koordination ausübt.[215] Fraglich ist hier, in welcher Form staatliche Gestaltungsmaßnahmen die Finanzierungskosten potentieller Projektsponsoren gegenüber einem unternehmerischen Alleingang beeinflussen.

Wesentliche Bestimmungsgrößen sind:[216]

- Bilanzierungsrichtlinien
- steuerliche Anreize

4.2.2.3.2.1. Bilanzierungsrichtlinien

Als wesentliche staatliche Einflußnahme auf die Wahl der Koordinationsform potentieller Projektbeteiligter sind die Bilanzierungsvorschriften hinsichtlich der Konsolidierungspflicht anzusehen. Das Handelsgesetzbuch läßt für die Einbeziehung von Gemeinschaftsunternehmen in den Konzernabschluß die Equity-Methode als Konsolidierungsmethode zu.[217] Damit kann auf den anteiligen Ausweis der Zusammensetzung des Vermögens und der Schulden verzichtet werden und sich stattdessen auf den "verdichteten Wert" des Eigenkapitalanteils beschränkt werden.[218]

Durch eine derartige Bilanzierungspraxis können Bilanzkennzahlen eingehalten werden und mithin trotz Durchführung des Projektes eine Verschlechterung der Bonitätsbewertung durch den Kapitalmarkt verhindert und der Finanzierungsspielraum der Sponsoren aufrechterhalten werden.[219]

---

215 Furubotn, Eirik G.; Pejovich, Svetozar: [Property Rights], 1972, S. 1140.

216 Herger, Hanspeter: [Eisenbahnprojekte], 1990, S. 79; Schanze, Erich: [Investitionsverträge], 1986, S. 149.

217 Zündorf, Horst: [Equity-Methode], 1987, S. 212.

218 Müller, Horst: [Konzernabschluß], 1988, S. 38.

219 Wynant, Larry: [Project Finance], 1980, S. 60.

Voraussetzung für eine derartige off-balance-sheet-Finanzierung ist die rechtliche und wirtschaftliche Ausgliederung der Projektgesellschaft aus dem Unternehmensverband und die Beteiligung anderer Sponsoren an dieser Gesellschaft.

Die herrschenden Konsolidierungsvorschriften begünstigen mithin das Eingehen einer Joint Venture-Struktur gegenüber einem unternehmerischen Alleingang, indem sie zu einer Senkung der Finanzierungskosten beitragen. Sie sind daher als Anreiz für die Bildung einer Projektstruktur zu sehen.

Die Darstellung der Möglichkeit zur off-balance-sheet-Finanzierung als konstitutives Merkmal einer Projektfinanzierung in der deskriptiven Literatur kann als Indikator für die hohe Bedeutung dieser Verfügungsrechtsgestaltung bei der Auswahlentscheidung für Joint Venture bzw. Projektstrukturen angesehen werden.[220]

4.2.2.3.2.2. Steuerliche Anreize

In bestimmten Fällen kann die Entscheidung für die Wahl einer Projektstruktur anstelle eines Alleinganges durch steuerliche Anreize mitbeeinflußt werden.[221]

Steuerliche Aspekte haben in der Vergangenheit insbesondere bei der Strukturierung von amerikanischen Projekten eine Rolle gespielt.[222] So gewährt etwa die amerikanische Gesetzgebung Steuervorteile für sogenannte "caretaker activities", bei denen die Unternehmensaktivität im wesentlichen auf Verwaltungsaufgaben beschränkt ist. Als Beispiele werden die Immobilienverwaltung sowie das Management von Rohstoffprojekten genannt.[223]

---

[220] Z.B. Schmitt, Wolfram: [Internationale Projektfinanzierung], 1989, S. 24.

[221] Heintzeler, Frank: [Internationale Projektfinanzierung], 1985, S. 10.

[222] Nevitt, Peter K.: [Project Financing], 1989, S. 7; Schmitt, Wolfram: [Internationale Projektfinanzierung], 1989, S. 59.

[223] Chen, Andrew H.; Kensinger, John W.; Martin, John D.: [Project Financing], 1990, S. 5.

Projekte werden i.d.R. derart gestaltet, daß die Steuervorteile, die einzelne Projektbeteiligte erzielen können, optimiert werden. Dies geschieht dadurch, daß steuerliche Vorteile denjenigen Projektparteien zugeteilt werden, die diese bestmöglich nutzen können. Da diese Zuweisung von Projektgewinnen bzw. -verlusten maßgeblich von der Eigentümerstruktur des Joint Venture abhängt, muß bereits bei der Festlegung der Eigenkapitalanteile der einzelnen Sponsoren die Nutzung steuerlicher Vergünstigungen berücksichtigt werden.[224]

Für europäische Projekte sind die steuerlichen Anreize insgesamt schwächer ausgeprägt. Gleichwohl eröffnen die hierzulande gängigen Steuervorschriften einen Gestaltungsspielraum für die Projektstruktur.[225] Wenig Anhaltspunkte gibt es aber für die Vermutung, von einer Maßgeblichkeit steuerlicher Anreizstrukturen bei der Auswahlentscheidung für ein Projekt zu sprechen.[226]

4.2.2.3.2.3. Verfügungsrechtliche Bestimmungsgründe - Fazit

Als verfügungsrechtliche Strukturen, die die Auswahlentscheidung einer Projektstruktur beeinflussen können, stellen sich Bilanzierungsvorschriften und steuerliche Regelungen dar. Festgehalten werden kann in der Tendenz eine Begünstigung einer Projektstruktur gegenüber einem unternehmerischen Alleingang.

4.2.2.3.3. Senkung der Finanzierungskosten - Fazit

Abgeleitet werden in den vorangegangenen Abschnitten ökonomische und verfügungsrechtliche Bestimmungsgründe, die zu einer Senkung der Finanzierungskosten bei Wahl einer Projektstruktur gegenüber einem unternehmerischen Alleingang beitragen.

---

224 Schmitt, Wolfram: [Internationale Projektfinanzierung], 1989, S. 59.

225 Forster, Meinhard: [Unternehmenspolitische Überlegungen], 1985, S. 45.

226 Relles, Marion, [Projektfinanzierung und öffentliche Finanzierung], 1990, S. 111; Hinsch, Ludwig C.; Horn, Norbert: [Vertragsrecht], 1985, S. 237.

Zusammenfassend kann festgehalten werden, daß eine Vorteilhaftigkeit einer Projektstruktur um so wahrscheinlicher wird,

- je höher der Bedarf an internem Finanzierungspotential zur Darstellung strategisch bedeutsamer Investitionsvorhaben ist,
- je unterschiedlicher sich verschiedene Investitionsvorhaben einer Unternehmung hinsichtlich ihrer cash flow-Erwartungen erweisen und/oder
- je stärker sich die bilanzrechtlichen und steuerlichen Anreize zur Einrichtung einer Projektstruktur darstellen.

4.2.2.4. Senkung der Managementkosten

Zu untersuchen sind weiterhin die Bedingungen, bei denen eine Transaktion durch eine Projektstruktur statt durch die vollständige Akquisition des Transaktionspartners (takeover) herbeigeführt wird.

Eine Projektstruktur erweist sich als vorteilhaft, wenn dadurch Managementkosten eingespart werden können. Dies ist dann der Fall, wenn eine Transaktion jeweils nur einen Teil der Gesamtaktivität der Vertragspartner ausmacht und die in die Transaktion eingebrachten Vermögensgüter firmenspezifisch sind.[227] Firmenspezifität bezeichnet dabei die Wertabhängigkeit von Vermögensgütern von deren Verwendung innerhalb der bestehenden Firmenstruktur.

Durch das Kriterium der Firmenspezifität wird die Beschränkung des Erwerbs auf die für die Durchführung des Investitionsvorhabens notwendigen Vermögensgüter ausgeschlossen. Nachteile bei den Managementkosten einer Akquisition ergeben sich bei der Existenz von negativen Effekten einer durch diese Strategie bewirkten Diversifikation. Diese liegen dann vor, wenn die durch die Vergrößerung des Unternehmens und durch Ausweitung der Aktivitäten entstehenden Managementprobleme sowie die negativen Anreizeffekte auf das Management der übernommenen Gesellschaft, nicht durch Skalen- und/oder Verbundvorteile kompensiert werden.[228]

Der Austausch von Management- oder länderspezifischem Know how kann als Beispiel für eine Transaktion genannt werden, die die genannten Eigenschaften erfüllt. Zum einen wird mit der Generierung und Weitergabe von Know how, sofern es sich nicht um ein Beratungsunternehmen handelt, nur ein Teil der Gesamtaktivität des Vertragspartners berührt. Zum anderen erweisen sich diese Güter als firmenspezifisch derart, daß sie nicht getrennt von dem Unternehmen erworben werden können. Nicht möglich ist damit die

227 Hennart, Jean-F.: [Equity-Joint Venture], 1988, S. 371.

228 Zu den Bedingungen einer effizienten Zusammenlegung von mehreren Produktlinien vgl. Baumol, William J.; Panzar, John C.; Willig, Robert D.: [Contestable Markets], 1988, S. 79.

Beschränkung der Akquisition auf die für die Durchführung des Investitionsvorhabens benötigten Vermögensgüter.

Die Beschränkung auf eine Zusammenarbeit in einem Bereich, der auf den komplementären Ressourcen der Beteiligten aufbaut, die wirtschaftliche Selbständigkeit der Vertragspartner aber beibehält, ermöglicht daher die Ausnutzung von Verbundvorteilen, ohne daß die genannten Nachteile einer Diversifikation und Vergrößerung eingegangen werden.[229] Damit kann die Relevanz dieses Arguments zur Erklärung der Projektstruktur deutlich gemacht werden.[230]

4.2.2.5. Projektstruktur vs. hierarchische Koordinationsformen - Fazit

In den vorangegangenen Abschnitten werden Bedingungen beschrieben, bei deren Vorliegen eine Projektstruktur alternativen Hierarchieformen vorgezogen wird. Abgegrenzt wird gegenüber dem unternehmerischen Alleingang sowie der Akquisition des Transaktionspartners. Neben dem Verweis auf staatliche Auflagen wird dabei mit Skalen- und Verbundeffekten, Vorteilen bei den Finanzierungskosten sowie Einsparungen bei den Managementkosten argumentiert.

Für die Effizienzbedingungen von Projektstrukturen gegenüber alternativen Hierarchieformen kann folgende Ableitung gemacht werden:

Eine Projektstruktur ist effizient, wenn damit eine Konzentration der Zusammenarbeit auf jene Felder ermöglicht wird, in denen Skalen- und/oder Verbundvorteile bestehen, wenn ökonomische und/oder verfügungsrechtliche Bedingungen vorliegen, bei denen eine Projektstruktur gegenüber alternativen Hierarchieformen zu einer Senkung der Finanzierungskosten führt und/oder die Vertragspartner Unternehmensbereiche aufweisen, für die kein Synergiepotential besteht.[231]

---

229 Richardson, G.B.: [Organisation], 1972, S. 889; Teece, David J.: [Boundaries], 1986, S. 183.

230 Zur Komplementarität der Leistungen innerhalb einer Projektstruktur vgl. Kapitel 2.3.1. und Kapitel 4.2.2.2.

231 Vgl. in analoger Konklusion Kensinger/Martin, die feststellen: "... when there are

Hinsichtlich ihrer Wirkungsweise bei der Erklärung einer Projektstruktur muß zwischen dem rechtlichen Bestimmungsgrund einerseits und den ökonomischen Argumenten andererseits unterschieden werden: Haben Auflagen von staatlicher Seite naturgemäß zwingenden Charakter, muß sich bei den ökonomischen Argumenten auf die Formulierung von Tendenzaussagen beschränkt werden: das Vorliegen von Skalen- und/oder Verbundvorteilen sowie die Vorteile bei Finanzierungs- und Managementkosten erhöhen die Wahrscheinlichkeit, daß eine Projektstruktur alternativen Hierarchieformen vorgezogen wird.

---

expected benefits from joining parts of the operations of two very different companies, project finance provides a means of carving out for investors only that part of the collaboration that is likely to be valuable, while avoiding the inefficiencies that tend to breed in conglomerate-type organizations." Kensinger, John W.; Martin, John D.: [Project Finance], 1988, S. 70.

4.2.3. Projekt als hybride Koordinationsform zwischen Markt und Hierarchie - Fazit

Inhalt der Abschnitte 4.2.1. und 4.2.2 war zum einen die Bestimmung der Gründe, die ein Entstehen hierarchienaher Koordinationsformen verursachen, und zum zweiten die Beschreibung der Bedingungen, bei denen sich eine Projektstruktur gegenüber den alternativen Hierarchieformen des unternehmerischen Alleingangs und der Übernahme als effizient erweist.

Sieht man von den verfügungsrechtlichen Bestimmungsgründen ab, so können die Effizienzbedingungen einer Projektstruktur wie folgt formuliert werden. Eine Projektstruktur erweist sich dann als effizient, wenn das Leistungsverhältnis der Projektbeteiligten zum einen gekennzeichnet ist

- durch das Vorliegen transaktionsspezifischer Investitionen und/oder
- den Input von Informationen, für die ein Marktversagen aufgrund hoher Kosten des Bewertens und/oder des Übertragens droht,

sowie zum anderen gegenüber einem unternehmerischen Alleingang bzw. einer Übernahme

- Skalen- und Verbundvorteile,
- Kapitalkostenvorteile und/oder
- geringere Managementkosten

realisiert werden können.[232]

---

[232] Vgl. in Analogie dazu Hauser, der bezüglich einer Joint Venture-Struktur zur folgenden Feststellung gelangt: "Zweifelsohne muß jeder Partner Fähigkeiten einbringen, die weder über Marktbeziehungen noch über eine vollständige Integrierung in die eigene Organsation gleich effizient koordiniert werden können." Hauser, Heinz: [Joint Venture], 1981, S. 179.

4.3. Motivationsstruktur staatlicher Institutionen zur Beteiligung an einer Projektgesellschaft[233]

Die Beteiligung staatlicher Institutionen kann im wesentlichen auf drei Faktoren zurückgeführt werden:

- entwicklungs- und wirtschaftspolitischer Aspekt;
- Kontrollaspekt;
- Verhaltensaspekt.

4.3.1. Entwicklungs- und wirtschaftspolitischer Aspekt

Mit einer Beteiligung staatlicher Institutionen an Projekten werden in erster Linie entwicklungs- oder wirtschaftspolitische Zielsetzungen verfolgt. Beispielhaft für Deutschland sei die Deutsche Investitions- und Entwicklungsgesellschaft mbH (DEG) erwähnt, die sich mit Eigenkapital an Projektgesellschaften beteiligt. Diese dem Bundesministerium für wirtschaftliche Zusammenarbeit aufsichtsrechtlich unterstellte Institution fördert Projekte, insbesondere in Ländern, zu denen deutsche Investoren einen schwierigen Zugang haben, wie dies bei zahlungsschwachen Entwicklungsländern in der Regel der Fall ist.[234]

Zu untersuchen sind an dieser Stelle die Gründe für eine Beschränkung der staatlichen Einflußnahme auf eine Projektbeteiligung statt einer eigenverantwortlichen Durchführung des Investitionsvorhabens durch den Staat. Verwiesen werden kann in diesem Zusammenhang auf drei Argumente.

Zum einen können durch eine Projektstruktur die öffentlichen Haushalte entlastet werden, da die für die Durchführung des Investitionsvorhabens erforderlichen Mittel zumindest teilweise durch private Gesellschaften aufgebracht

---

233 Zur Abgrenzung einer Projektgesellschaft von Konzessionsvertrag einerseits und Dienstleistungsvertrag andererseits als alternative Investitionsmodelle vgl. Schanze, Erich: [Investitionsverträge], 1986, S. 57 ff.

234 Merzl, Hans Peter: [Entwicklungshilfe], 1989, Sp. 398.

werden.[235]

Zum zweiten wird knappes Humankapital auf staatlicher Seite durch eine Projektbeteiligung entlastet, da die Hauptlast der Projektarbeiten auf den privaten Sektor übertragen wird.[236]

Zum dritten besteht die Vermutung, daß aufgrund der aufgebauten Reputation der Projektbeteiligten in ihren jeweiligen Tätigkeitsbereichen sowie den innerhalb von Privatunternehmen herrschenden Anreizstrukturen eine privatwirtschaftliche Durchführung Effizienzgewinne gegenüber einer rein staatlichen Projektdurchführung verzeichnet.

4.3.2. Kontrollaspekt

Durch eine Projektbeteiligung staatlicher Institutionen kann weiterhin versucht werden, die Aktivitäten ausländischer Sponsoren im Gastland zu kontrollieren. Dies ist besonders für Projekte in Entwicklungsländern relevant, bei denen es um Abbau, Verwendung und Vertrieb der landeseigenen natürlichen Ressourcen geht.[237]

4.3.3. Verhaltensaspekt: Abbau staatlichen hold up

Eine Beteiligung des Gaststaates an der Projektgesellschaft kann schließlich als ein Abbau der hold up-Gefahr bei den ausländischen Investoren gewertet werden. Durch die kapitalmäßige Beteiligung an dem Projekt erhöht sich zum einen das staatliche Eigeninteresse an dem wirtschaftlichen Erfolg des Projekts. Damit sinkt die Gefahr opportunistischen Verhaltens seitens des Gastlandes, etwa durch restriktive Besteuerung oder Enteignung den Investor seiner Quasi-Rente zu berauben ("Geiselproblem").[238]

---

235 Pahl, Tyll: [Eurotunnel], 1989, S. 469.

236 Senghas, Norbert P.; Pähler, Ulrich: [Projektfinanzierung], 1992, S. B6.

237 Vgl. entsprechende Fallstudien bei Schanze, Erich: [Investitionsverträge], 1986, S. 76 ff.

238 Schanze, Erich: [Investitionsverträge], 1986, S. 149.

Zum anderen bewirkt die staatliche Beteiligung an der Projektgesellschaft einen Abbau der Informationsasymmetrie hinsichtlich der Ertragslage des
Projekts und mithin eine Einbindung des Gastlandes in die projektwirtschaftli-
che Rationalität. Auch dieser Aspekt wirkt tendenziell auf eine Reduktion der
Gefahr eines schädigenden Verhaltens von Seiten des Gastlandes.

4.3.4. Motivationsstruktur staatlicher Institutionen zur Beteiligung an einer Projektfinanzierung - Fazit

Als Kriterien für die Beteiligung staatlicher Institutionen können die folgenden
Faktoren festgehalten werden. Als eine wesentliche Bedingung erweist sich
zum einen das Vorliegen eines Investitionsvorhabens mit entwicklungs-
und/oder wirtschaftspolitischer Zielrichtung, bei dessen vorwiegend privat-
wirtschaftlicher Durchführung die öffentlichen Haushalte entlastet, staatliche
Management-Kapazität geschont und/oder Effizienzvorteile gegenüber einer
staatlichen Ausführung erzielt werden.

Ein weiterer Bestimmungsgrund kann in einem politischen Interesse an einer
Kontrolle der Aktivitäten ausländischer Investoren in dem jeweiligen Gastland
liegen.

Schließlich ist - als drittes Motiv - auf das Vorliegen einer Verhaltensunsicherheit des Investors gegenüber dem Verhalten des Gaststaates zu verweisen, die durch eine Eigenkapitalbeteiligung abgebaut werden kann.

4.4. Motivationsstruktur suprastaatlicher Institutionen zur Beteiligung an einer Projektgesellschaft

Insbesondere in Entwicklungsländern erfolgen Projekte häufig unter einer Beteiligung suprastaatlicher Institutionen.[239] Wesentlicher Bestimmungsgrund ist hier wie bei der staatlichen Beteiligung die Verfolgung entwicklungspolitischer Zielsetzungen. Die Argumentation erfolgt analog der Ausführungen unter Abschnitt 4.3.

Darüber hinaus kann das unter 4.3. genannte Problem eines staatlichen hold up ("Geiselproblem") durch eine Beteiligung supranationaler Institutionen abgebaut werden.[240] Jedes nicht mit "Petrodollars" ausgestattete Entwicklungsland, das die Tätigkeit eines Projekts mit Beteiligung suprastaatlicher Institutionen durch wirtschaftsrechtliche Interventionen behindert, begibt sich ins weltwirtschaftspolitische Abseits. Argumentiert wird mit einem Reputationsverlust, der sich negativ auf zukünftige Finanzierungen mit internationaler Beteiligung auswirken würde. Die Teilnahme supranationaler Institutionen, wie der Weltbank, wirkt demnach als impliziter Sanktionsmechanismus.[241]

239 Nevitt, Peter K.: [Project Financing], 1989, S. 55; zu den suprastaatlichen Institutionen als Beteiligte einer Projektfinanzierung vgl. Schwanfelder, Werner: [Anlagengeschäfte], 1989, S. 102 ff.

240 Schanze, Erich: [Investitionsverträge], 1986, S. 149.

241 Mikesell, Raymond F.: [Patterns of World Mineral Development], 1979, S. 333 f.

4.5. Fallstudie

Exemplarisch seien die Projektstrukturen eines Rohstoffprojektes betrachtet und hinsichtlich der obigen Erklärungsansätze analysiert.

Als Fallbeispiel wird ein Investitionsvorhaben dargestellt, das Anfang der achtziger Jahre zur internationalen Ausschreibung gelangte.[242] Das Projekt umfaßt den Bau einer Anlage zur Gewinnung von Flüssiggas (Liquified Petroleum Gas = LPG) und einiger Nebenprodukte aus dem einige Jahre vorher angetroffenen, aber bis zum Zeitpunkt des Projektbeginns nur teilweise wirtschaftlich genutzten Gasvorkommen in einem kleinen Staat am Arabischen Golf.

Die geschätzten Gesamtinvestitionskosten betrugen US-$ 270 Mio. In Anbetracht dieser Summe und der relativ schwachen Finanzkraft des Landes empfahl der von der Regierung eingesetzte Consultant, die Anlage im Rahmen einer Projektstruktur darzustellen. Nachfolgend seien die wichtigsten Projektbeteiligten aufgeführt, die sich zur Darstellung der Projektstruktur zusammenfanden:

- Baukonsortium;
- Ölgesellschaft aus einem fernöstlichen Industriestaat, die dort eine der größten Ölraffinerien der Welt betreibt (hiernach Asian Oil Refinery = "ASOR" genannt), die am Ausbau der eigenen Marktposition bei LPG interessiert ist und deshalb langfristig verfügbare Bezugsquellen sucht;
- amerikanischer Ölkonzern (hiernach "Arab US-Oil" genannt);
- arabisches Bankenkonsortium und arabische Finanzierungsinstitute;
- Exportkreditagenturen.

Vereinfacht sei das Zusammenwirken der Projektbeteiligten durch die nachfolgende Graphik dargestellt.

---

[242] Hartshorn, Timothy; Busink, Nick: [Projektfinanzierung], 1987, S. 232.

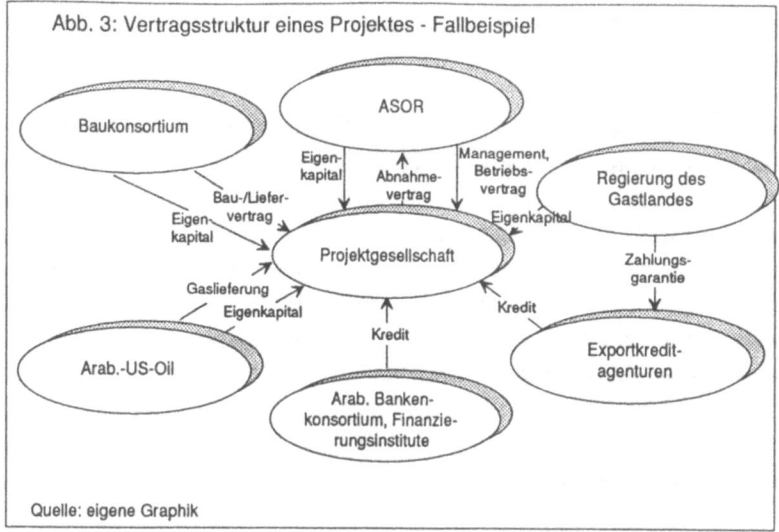

Abb. 3: Vertragsstruktur eines Projektes - Fallbeispiel

Baukonsortium

ASOR

Eigen-
kapital
Bau-/Liefer-
vertrag
Eigen-
kapital

Abnahme-
vertrag

Management,
Betriebs-
vertrag

Regierung des
Gastlandes

Eigenkapital

Projektgesellschaft

Zahlungs-
garantie

Gaslieferung
Eigenkapital

Kredit

Kredit

Arab.-US-Oil

Arab. Banken-
konsortium, Finanzie-
rungsinstitute

Exportkredit-
agenturen

Quelle: eigene Graphik

Zu untersuchen ist im folgenden ausgehend von den in den vorherigen Abschnitten abgeleiteten Ergebnissen die Motivationsstruktur der jeweiligen
Projektträger zur Beteiligung an der Projektgesellschaft.

4.5.1. Arab-US-Oil

Die Arab-US-Oil ist der künftige Lieferant des Gases für die LPG-Anlage. Sie
hat ein langfristig angelegtes wirtschaftliches Interesse an der Abnahme des
Gases durch die Projektgesellschaft, da dieses bis dato wirtschaftlich unge-
nutzt geblieben war und abgefackelt wurde.

- Marktliche vs. hierarchische Koordination

Die LPG-Anlage wird in Nachbarschaft zu der von der Arab-US-Oil augebeu-
teten Öl- und Gasvorkommen errichtet. Für den Transport des Gases werden
Rohrleitungen zwischen den Ölfeldern und der LPG-Anlage gelegt. Auszugehen ist mithin von einem hohen Anteil transaktionsspezifischer Investitionen,

deren Rentabilität von dem zukünftigen vertraglichen Wohlverhalten der Arab-US-Oil abhängt.

Um die wirtschaftlichen Anreize der Arab-US-Oil zu einem derartigen Verhalten zu erhöhen, werden zwei Maßnahmen ergriffen.

Zum einen sieht der zwischen der Arab-US-Oil und der Projektgesellschaft abzuschließende Gasbezugsvertrag eine Pönale vor für den Fall der Nicht- oder Minderlieferung. Zum zweiten wird der Arab-US-Oil eine kapitalmäßige Beteiligung an der Projektgesellschaft angeboten, um sie damit partiell an dem Wohl der Gesellschaft zu beteiligen.

- Projektstruktur vs. alternative hierarchische Koordinationsformen

Fraglich bleibt, weshalb von Seiten der Arab-US-Oil keine alleinige Durchführung des Investitionsvorhabens angestrebt wird. Zu nennen ist zum einen die Auflage durch die Regierung des Gastlandes, die eine Projektstruktur vorschreibt.

Zum anderen ist zu vermuten, daß die Arab-US-Oil die zur Darstellung des Investitionsvorhabens notwendigen Vermögensgüter, insbesondere das erforderliche Know how zur Errichtung und zum Betrieb des LPG-Anlage nicht in-house besitzt. Eine Zusammenarbeit mit anderen Unternehmen ist demnach erforderlich. Zu untersuchen ist die Form einer solchen Zusammenarbeit.

Hinsichtlich der Übertragung des technischen Know how durch das Baukonsortium kann von der Effizienz marktnaher Koordinationsformen ausgegangen werden, da es sich bei den verwendeten Technologien um erprobtes und darum bereits marktmäßig bewertetes Know how handelt. Vorstellbar wäre mithin ein Vertrag zur schlüsselfertigen Errichtung der Anlage mit dem Baukonsortium.

Der Erwerb des Management-Know how kann dagegen gewöhnlich nicht über marktmäßige Transaktionen erzielt werden.[243] Eine Akquisition als alternative Strategie zum Erwerb dieses Know how ist aber aufgrund der Firmenspezifität dieses Vermögensgutes nur im Verbund mit anderen Vermögensgütern möglich, für die - davon wird ausgegangen - keine Synergieeffekte zu erzielen sind. Aufgrund einer ungewollten Diversifikation und Vergrößerung des Unternehmens sowie negativen Anreizeffekten für das Management der übernommenen Gesellschaft ergäben sich dann höhere Managementkosten gegenüber einem Zustand, bei dem eine begrenzte Zusammenarbeit unter Beibehaltung der Unabhängigkeit der Vertragspartner gewährleistet ist.

Die Entscheidung für eine Projektstruktur in Abgrenzung zu einem Alleingang bzw. einer Übernahme kann zudem mit tendenziell geringeren Finanzierungskosten begründet werden. Aufgrund der Datenlage können jedoch genaue Aussagen bezüglich steuerlicher oder bilanzieller Vorteile sowie der Relevanz der dargelegten kapitalmarkttheoretischen Erklärungen nicht gemacht werden.[244]

• Fazit

Als Motivationsstruktur der Arab-US-Oil zum Eingehen in eine Projektstruktur kann folgendes festgehalten werden:

Die Existenz transaktionsspezifischer Investitionen auf Seiten der Projektgesellschaft kann als Bestimmungsgrund für das Eingehen einer hierarchienahen Koordinationsform, wie sie die Projektstruktur darstellt, gewertet werden. Der Anreiz zu opportunistischem Verhalten von Seiten der Arab-US-Oil wird dadurch abgebaut.

Als Grund für das Eingehen einer Projektstruktur ist zunächst die Auflage des Gastlandes zu nennen, die deren Einrichtung vorschreibt. Für die Aufteilung der Verantwortlichkeit, insbesondere zwischen der Arab-US-Oil und der

---

243 Vgl. Kapitel 4.2.1.

244 Gleiches gilt für die nachfolgenden Analysen der Motivationsstruktur von Baukonsortium und ASOR.

ASOR, kann darüber hinaus auch von ökonomischen Bestimmungsgründen ausgegangen werden. In Abgrenzung zu einem Alleingang kann vermutet werden, daß das zum Betrieb der Anlage notwendige Management-Know how innerhalb des Unternehmens nicht vorhanden ist, ein marktmäßiger Erwerb dieses Know how aber aufgrund der Gefahr opportunistischen Verhaltens bei der Bewertung und Übertragung nicht möglich ist. Eine Übernahme (takeover) würde dagegen aufgrund von einzugliedernden Aktivitäten, für die kein Synergiepotential bestünde, sowie infolge negativer Anreizeffekte für das Management der übernommenen Gesellschaft zu zusätzlichen Managementkosten führen. Die gegenüber einer marktlichen Koordination höheren Kosten einer Projektbeteiligung rechtfertigen sich für die Arab-US-Oil durch die zusätzlichen Erlöse, die ein Zustandekommen der Transaktion für sie bedeuten.

4.5.2. Baukonsortium

Das Baukonsortium errichtet die LPG-Anlage. Auszugehen ist mithin von einem wirtschaftlichen Interesse an der Durchführung dieses Vorhabens, das auf den Absatz der eigenen Produkte und Leistungen gegründet ist.[245]

- Marktliche vs. hierarchische Koordination

Fraglich ist, warum sich nicht auf eine rein vertragsmäßige Koordination beschränkt wird und das Baukonsortium stattdessen an der Projektgesellschaft beteiligt wird. Zu untersuchen ist deshalb zunächst der Grund für eine hierarchienahe Koordinationsform.

Mit der Errichtung der Anlage wird technisches Know how übertragen. Bei der angebotenen Prozeßtechnologie des Baukonsortiums handelt es sich um

---

245 Harding bemerkt zur Motivation von Anlagenherstellern zur Teilnahme an einer Projektfinanzierung: "The reason is that there are frequently no natural promotors and the contractor, finding himself anxious to increase his work flow, especially when there is a shortage of business, is prepared to either respond to invitations to put forward proposals for concession type BOT projects or may seek out projects which he can take to governments or other interested parties which he has himself developed from scratch." Vgl. Harding, Nick: [Contractors Perspectives], 1989, S. 1.

ein über Jahre weltweit bewährtes Verfahren. Die schlüsselfertige Kontrahierung derartiger Anlagen erweist sich als üblich. Transaktionskosten der Bewertung oder der Übertragung von Information können darum nicht unterstellt werden.

Mit der Errichtung der Anlage wird von Seiten der Projektgesellschaft eine spezifische Investition getätigt: Um die Anlage gewinnbringend betreiben zu können, ist sie auch nach Fertigstellung auf die Zusammenarbeit mit dem Baukonsortium, insbesondere hinsichtlich der Wartung der Anlage und bezüglich der Lieferung von Ersatzteilen angewiesen. Auch wenn diese Zusammenarbeit explizit vertraglich vereinbart wurde, besteht infolge der Langfristigkeit dieser Abmachungen Zweifel an deren Durchsetzbarkeit im Fall von hold up durch das Baukonsortium.[246] Die Eigenkapitaleinlage erhöht die Kosten für das Baukonsortium zu einem derartigen Verhalten und führt damit für die Projektgesellschaft zu einer Verminderung dieses Verhaltensrisikos.

• Projektstruktur vs. alternative Hierarchieformen

Fraglich bleibt, weshalb das Baukonsortium das Investitionsvorhaben nicht in alleiniger unternehmerischer Verantwortung durchführt. Zu verweisen ist hier zunächst wiederum auf die Auflage als rechtliche Restriktion. Plausibel ist es darüber hinaus anzunehmen, daß die zur Durchführung notwendigen Vermögensgüter innerhalb des Baukonsortiums nicht vorhanden sind. Dies betrifft insbesondere die Gaszulieferkapazitäten sowie das Management-Know how zum Betrieb einer LPG-Anlage. Marktnahe Koordinationsformen sind, wie gezeigt, in beiden Bereichen aufgrund hoher Transaktionskosten ausgeschlossen.

Bei einer Übernahme (takeover) der erforderlichen Transaktionspartner ist aber, sofern sich Synergieeffekte nur im Bereich der Durchführung des besagten Investitionsvorhabens ergeben, von einer starken Zunahme der Managementkosten auszugehen.[247]

---

[246] Schanze, Erich: [Investitionsverträge], 1986, S. 101.

[247] Die Argumentation dazu verläuft analog zu dem entsprechenden Passus im Abschnitt 4.5.1.

- Fazit

Zusammenfassend läßt sich die Motivationsstruktur des Baukonsortiums zur Teilnahme an der Projektstruktur wie folgt festhalten:

Zu nennen ist zunächst die staatliche Auflage zum Eintritt in eine Projektstruktur als rechtliche Restriktion.

Ausgegangen werden kann darüber hinaus von ökonomischen Bestimmungsgründen. Die Projektgesellschaft als Abnehmer befürchtet ein hold up insbesondere impliziter Ansprüche (Wartung, Lieferung von Ersatzteilen) während der Betriebsphase und dringt, um dieses Verhaltensrisiko zu reduzieren, auf eine Kapitalbeteiligung des Konsortiums an der Projektgesellschaft.

Ein unternehmerischer Alleingang ist aufgrund von Marktunvollkommenheiten auf dem Gaszuliefermarkt sowie dem Markt für Management-Know how ausgeschlossen.[248] Eine Übernahme der Transaktionspartner führt dagegen zu komparativ höheren Managementkosten aufgrund des nur beschränkten Synergiepotentials der Transaktionspartner.

Auch hier werden die gegenüber einer marktlichen Koordination höheren Kosten einer Projektbeteiligung für das Baukonsortium durch die mit der Lieferung der Anlage bewirkten zusätzlichen Erlöse kompensiert.

4.5.3. ASOR

Die ASOR schließt mit der Projektgesellschaft zum einen einen zehnjährigen Abnahmevertrag und zum anderen langfristige Verträge bezüglich des Managements der Anlage sowie der Ausbildung lokalen Personals. Zu begrün-

---

248 Ausgegangen wird plausiblerweise davon, daß die Kapazitäten zur Darstellung des Investitionsvorhabens nicht innerhalb des Konsortiums vorhanden sind, sondern extern bezogen werden müssen.

- 101 -

den ist auch hier zunächst, weshalb der Eintritt in eine hierarchienahe Koordinationsform wie die Projektstruktur gewählt wurde.

Zu nennen sind zum einen Transaktionskosten des Bewertens und Übertragens von Management-Know how;[249] zum anderen bestehen transaktionsspezifische Investitionen derart, daß die Projektgesellschaft das Investitionsvorhaben in Erwartung der Einhaltung der Abnahmeverpflichtungen durch die ASOR durchführt. Infolge der Langfristigkeit der Abmachungen besteht die Möglichkeit, daß Situationen eintreten, bei denen die Kosten einer Aufkündigung der getroffenen Vereinbarungen für die ASOR geringer sind als für die Projektgesellschaft. Zu nennen wäre eine alternative Möglichkeit des Gasbezuges zu niedrigeren Kosten.

Um in einer derartigen Situation die Anreize zum Ausstieg (hold up) zu verringern, müssen zusätzliche Wohlstandspositionen in die Transaktionsbeziehung eingebracht werden. Die Lösung besteht in einer Eigenkapitaleinlage der ASOR an einer Projektgesellschaft und damit in der Einrichtung einer hierarchienahen Koordinationsform.

Die Argumentation der Wahl einer Projektstruktur in Abgrenzung zu einem unternehmerischen Alleingang bzw. Übernahme erfolgt analog zum entsprechenden Passus in Abschnitt 4.5.2. Zu verweisen ist auch hier wiederum auf das begrenzte, nur auf den Gegenstand des Investitionsvorhabens beschränkte Synergiepotential zwischen den Transaktionspartnern.

Den im Vergleich zu einer marktlichen Koordination höheren Kosten einer Projektbeteiligung für die ASOR steht der Nutzengewinn aus der langfristigen Sicherung des Bezuges von LPG gegenüber.

4.5.4. Regierung des Gaststaates

Das genannte Investitionsvorhaben zur Errichtung einer LPG-Anlage erfolgt aus wirtschaftspolitischen Gründen. Gestärkt werden soll das Exportpotential des arabischen Staates.

---

[249] Vgl. Kapitel 4.5.1.

Die Entscheidung für eine Projektstruktur statt einer rein staatlichen Projektdurchführung erfolgt insbesondere aufgrund der angespannten Haushalts-
lage des Staates. Ausgenutzt wird damit die mit der Einrichtung einer Projektstruktur einhergehende, vorwiegend externe Finanzierung.

Zu sehen ist ferner die Möglichkeit des Abbaus der Gefahr eines staatlichen
hold up, die durch eine Projektbeteiligung des Gaststaates bewirkt wird. Erreicht wird dadurch höhere Sicherheit der ausländischen Investoren vor wirt-
schaftsrechtlichen Interventionen des Gaststaates.

4.5.5. Fallstudie - Fazit

Festgehalten werden kann, daß es plausibel ist, die Vertragsstruktur des
dargestellten Projektes neben verfügungsrechtlichen Bestimmungsgründen
(staatlichen Auflagen) und produktionswirtschaftlichen Erwägungen (Skalen-
und Verbundvorteilen) insbesondere mit Hilfe von Verhaltensunsicherheiten
zu erklären. Anreiz- und Kontrollaspekte rücken damit in den Vordergrund
der Betrachtung.

4.6. Analyse der Projektstruktur - Fazit

Dargestellt wurde in diesem Kapitel ein Erklärungsrahmen für die Existenz von Projektstrukturen. Eine Projektstruktur wird in dieser Untersuchung als eine hierarchienahe Koordinationsform im Sinne Williamsons aufgefaßt.

Folgende Hypothesen können aus der obigen Analyse abgeleitet werden:

- Kennzeichen für das Vertragsverhältnis zwischen Projektgesellschaft und den Projektsponsoren ist jeweils die Möglichkeit zu einem opportunistischen Verhalten durch den Sponsor. Dieses ist bedingt durch das Vorliegen transaktionsspezifischer Investitionen und/oder den Input von Informationen, für die bei der Bewertung oder Übertragung Transaktionskosten entstehen.

- Die Kapitalbeteiligung der Sponsoren ist jeweils als glaubhafte Zusicherung zu interpretieren. Zugesichert wird damit die Einhaltung der vertraglichen Vereinbarungen und damit der Verzicht auf opportunistisches Verhalten.

- Kennzeichend für Projektstrukturen ist eine Komplementarität der Leistungsbeziehungen. Die Beteiligung an einer Projektstruktur bedeutet für alle Projektsponsoren eine Realisation von Skalen- und/oder Verbundvorteilen.

- Die Beteiligung an einer Projektstruktur bedeutet für die einzelnen Sponsoren eine Verringerung ihrer Kapitalkosten. Die Argumentation basiert dabei zum einen auf Agency Costs in Bezug auf Qualitätsunsicherheit bzw. moral hazard aufgrund von ex post Informationsasymmetrien im Verhältnis zwischen Unternehmensinsidern und Kapitalmarkt; zum anderen werden Bedingungen des rechtlichen Umfeldes (steuerliche Vorteile und Bilanzierungsvorschriften) als Bestimmungsgründe genannt.

Angesichts dieser Hypothesen kann vermutet werden, daß zur Erklärung der Projektstruktur sowohl transaktionskosten- als auch agency-theoretische Überlegungen relevant sind. Damit ist ein weiterer Beleg für die These erbracht, daß die Finanzierungstheorie als eine Teildisziplin einer auf Kontroll- und Anreizaspekten konzentrierten neueren Organisationstheorie aufgefaßt werden kann.[250]

---

[250] Loistl, Otto: [Entwicklung der Finanzierungstheorie], 1990, S. 53.

5. Analyse der Vertragsstruktur von Projektfinanzierungen

Ziel dieses Abschnitts ist es, die Vertragsstruktur bei Projektfinanzierungen theorieabgeleitet zu erklären, um so die Funktionalität einzelner vertraglicher Gestaltungen identifizieren zu können. Die Argumentation soll dabei in drei Schritten erfolgen. Zunächst wird gezeigt, daß mit Hilfe von Kontingenzverträgen im Sinne des Arrow-Debreu-Modells die Risikoallokation bei Projektfinanzierungen erklärt werden kann, die für Projektfinanzierungen typischen institutionellen Regelungen mit diesem neoklassischen Ansatz jedoch nicht erfaßbar sind. Um hier einen Erklärungsbeitrag leisten zu können, wird in einem zweiten Schritt auf die Aussagen der Neoinstitutionenlehre rekurriert werden. Gezeigt werden kann dabei, daß sowohl agency-theoretische, als auch informationsökonomische Ansätze Erklärungsrelevanz aufweisen.[251]

5.1. Kreditsicherheiten bei Projektfinanzierungen

Die Vertragsstruktur einer Projektfinanzierung wird durch die Maßnahmen der Kreditsicherung bestimmt. Ausgegangen wird in dieser Arbeit von dem Begriff der Kreditsicherheiten im weiteren Sinne, wie er von Rudolph definiert wird.[252]

Nach dieser Definition gehören zu den Maßnahmen der Kreditsicherung die Bestellung von banküblichen Sicherheiten (Kreditsicherheiten im engeren Sinne) sowie die Kontroll- und Verfügungsrechte der Kreditgeber.

Zu den Kreditsicherheiten i.e.S. zählen zum einen - gegliedert nach juristischen Gesichtspunkten - Faustpfandrechte, Registerpfandrechte und pfandähnliche Rechte, die in Fortentwicklung des Pfandrechts zur technisch-ökonomischen Rationalisierung entwickelt worden sind.[253]

---

251 Zu einer Arbeit mit analoger Konklusion vgl. Hartmann-Wendels, Thomas: [Venture Capital], 1987, S. 714 ff.

252 Rudolph, Bernd: [Kreditsicherheiten], 1984, S. 18 ff.

253 Jährig, Albrecht; Schuck, Hans; Rösler, Peter; Woite, Manfred: [Kreditgeschäft], 1989, S. 588.

Zum zweiten erfassen sie Vereinbarungen zwischen dem Kreditnehmer und Dritten, aus denen dem Darlehensgeber zusätzlich oder an Stelle des Rückgewährungsanspruches Zahlungsansprüche erwachsen können. Diese Vereinbarungen werden als Haftungszusagen und Garantien bezeichnet.

Die Kontroll- und Verfügungsrechte der Kreditgeber sind nicht unmittelbar auf Zahlungsmittel gerichtete Ansprüche, die zur Vergrößerung der Wahrscheinlichkeit der Kreditrückzahlung ex post oder zur Verkürzung der Zeitdauer bis zur Umwandlung der Forderung in Zahlungsmittel dienen.

Banküblichen Sicherheiten, insbesondere Pfandrechten am Anlagevermögen, kommt bei Projektfinanzierungen nur eine untergeordnete Rolle zu aufgrund der mangelnden Vermögensmasse des Projekts in der Errichtungsphase sowie der Probleme, die sich bei der Wiederverwertbarkeit einzelner Güter des Projektvermögens ergeben.[254] Bedeutsam erweisen sich dagegen Haftungszusagen und Garantien sowie Kontroll- und Verfügungsrechte. Diese sind in den Kreditbedingungen und Kreditauflagen festgeschrieben, die in den nachfolgenden Abschnitten näher zu charakterisieren sind.[255]

5.2. Erklärungsrelevanz des Arrow-Debreu-Modells

5.2.1. Projektfinanzierung als Netz von Kontingenzverträgen

Ausgegangen wird bei dem Arrow-Debreu-Modell von der vollständigen Liste aller Umweltzustände oder Ereignisfolgen, die überhaupt eintreten können.[256] Für jeden Zustand werden Verträge geschrieben, die die von den Vertragsparteien jeweils zu erbringende Leistung und Gegenleistung nach Qualität und Quantität festlegen. Physische Güter werden dabei also in

---

254 Harris, Heinrich: [Rechtliche Aspekte], 1985, S. 27.

255 Vgl. die Kapitel 5.3.3.1. und 5.3.3.2.

256 Zu einer ausführlichen Darstellung des Arrow-Debreu-Modells einschließlich der Modellprämissen vgl. Schmidt, Reinhard H.: [Informationen], 1979, S. 133-142.

Verbindung mit bestimmten zukünftigen Umweltzuständen gehandelt. Derartige Verträge werden als Kontingenzverträge bezeichnet.[257]

• Eigen- und Fremdkapitalverträge

In dieser Sichtweise sind die Gesamtheit der Vereinbarungen zwischen Kapitalgeber(n) und Kapitalnehmer(n) als eine Aufteilungsregel bezüglich des zukünftigen Investitionsertrages zu sehen.[258] Rudolph spricht in diesem Zusammenhang von Partenteilung.[259]

Der Kreditgeber erhält maximal einen vereinbarten Betrag. Ist der Investitionsertrag geringer als der vereinbarte Betrag, steht ihm - beschränkte Haftung vorausgesetzt - der gesamte Investitionsertrag zu. Beteiligungsgeber erwerben dagegen einen proportionalen Anteil am Investitionsertrag. Ihnen steht der Anteil zu, der verbleibt, nachdem die Ansprüche der Fremdkapitalgeber befriedigt sind.

Mit der Zerlegung des erwarteten Projektertrages auf Eigen- und Fremdkapitalgeber erfolgt eine Allokation des Projektrisikos. Beteiligungskapital übernimmt aufgrund seines proportionalen Gewinnanspruches einen höheren Anteil an den Ertragsrisiken als das Fremdkapital.[260]

---

[257] Debreu, Gérard: [Theory of Value], 1959, Kap. 7. Zum formalen Beweis eines Wettbewerbsgleichgewichts unter Unsicherheit vgl. Arrow, Kenneth J.: [Optimal Allocation of Risk-Bearing], 1964, S. 91 ff. Vgl. zu Beispielen für Kontingenzverträgen Hess, James D.: [Organizations], 1983, S. 52. Vgl. zu einer Erklärung der Entstehung und Funktion finanzieller Institutionen mit Hilfe des Arrow-Debreu-Modells Jacob, Adolf-F.; Förster, Gerhard: [strategischer Standort], 1989, S. 45 ff.

[258] Zur Übertragung des konsumgüterorientierten Arrow-Debreu-Modells auf die Ebene der Vermögensgüter vgl. Jacob, Adolf-F.; Förster, Gerhard: [Finanzinnovationen], 1990, S. 25 ff.

[259] Rudolph, Bernd: [Kreditvergabeentscheidung], 1974, S. 32.

[260] Schmidt, Reinhard H.: [Grundformen], 1986, S. 187.

• Garantieverträge

Im Garantievertrag wird der vom Garanten zu übernehmende Garantiefall bestimmt, die Begrenzung der Höhe und die Dauer der Verpflichtung sowie die Beendigungstatbestände festgeschrieben. Damit wird ein zukünftiger Umweltzustand festgelegt, bei dem eine Leistungsfolge durch den Garanten zu erfolgen hat. Im für Projektfinanzierungen typischen Fall der Fertigstellungsgarantie tritt der Haftungsfall für den Garanten dann ein, wenn das ursprünglich vorgesehene Investitionsvolumen oder der vereinbarte Zeitpunkt der Betriebsaufnahme überschritten wird, ohne daß das Projekt fertiggestellt ist.[261]

• Versicherungsverträge

Analog können Versicherungsverträge erklärt werden. Bestimmt werden ex ante Umweltzustände, wie etwa Feuer, Beschädigung, Betriebsunterbrechung oder auch Streik oder Zahlungsbilanzprobleme des Gastlandes, bei denen eine Leistungsfolge durch den Versicherungsgeber eintritt.[262]

• Abnahmeverpflichtungen

Bei dem Abschluß von Abnahmeverträgen werden Abnehmer langfristig und unwiderruflich zum Kauf der Projektprodukte verpflichtet. Je nach Art des Abnahmevertrages kann die Anzahl der zukünftigen Umweltzustände, bei denen eine Abnahme zu erfolgen hat, variieren.[263]

Als weitestgehende Abnahmeverpflichtung wurde der take-or-pay-Vertrag dargestellt. Im Sinne des Arrow-Debreu-Modells kann ein solcher Vertrag als ein Bündel kontingenter Verträge interpretiert werden: während eines bestimmten Zeitraumes - der Betriebsphase des Projekts - werden alle mögli-

---

[261] Vgl. Kapitel 2.4.2.1.

[262] Vgl. Kapitel 2.4.2.5.

[263] Vgl. Kapitel 2.4.2.2.

- 109 -

chen zukünftigen Umweltzustände erfaßt.[264] Der Abnehmer hat so zum Beispiel nicht nur bei Abnahmeunwilligkeit aufgrund geänderter Marktdaten zu zahlen, sondern auch im Falle von Lieferstörungen durch Verschulden der Projektgesellschaft. Diese Argumentation kann analog für Zuliefererverträge geführt werden.

• Fazit

Eigen- und Fremdkapitalverträge, Garantien, Versicherungsverträge, Zuliefer- und Abnahmeverträge können demnach im Sinne des Arrow-Debreu-Modells als Instrumente zur Allokation von Umweltunsicherheit interpretiert werden.[265] Für bestimmte zukünftige Umweltzustände werden Leistungsfolgen für die Vertragsparteien festgelegt. Auf diese Weise können Risiken auf die Schultern mehrerer Projektinteressenten verteilt werden, wie es typisch für die Sicherheitenstruktur einer Projektfinanzierung ist.[266] Entsprechend kann eine Projektfinanzierung als ein Netz von Kontingenzverträgen interpretiert werden.

5.2.2. Erklärungsdefizite des Arrow-Debreu-Modells

Die Vorstellung von Finanzierung als Partenteilung, wie sie in der neoklassischen Theorie vertreten wird, beruht im wesentlichen auf zwei Prämissen:[267]

• Die Regelung der Aufteilung der (unsicheren) Investitionserträge ist zweifelsfrei bestimmbar und allgemein bekannt.

---

264 Townsend, Robert M.: [Optimality of Forward Markets], 1978, S. 54.

265 Mit Umweltunsicherheit (synonym: Ereignis- oder externe bzw. exogene Unsicherheit) werden in Abgrenzung zur Verhaltensunsicherheit Situationen bezeichnet, bei denen beide Vertragspartner von dem Eintritt bestimmter Ereignisse in ihrer transaktionalen Umwelt gleichermaßen überrascht werden. Vgl. Spremann, Klaus: [Reputation, Garantie], 1988, S. 614. Auf eine begriffliche Unterscheidung zwischen Umweltrisiko und Umweltunsicherheit wird in dieser Arbeit verzichtet. Vgl. abweichend dazu Albach, Horst: [Ungewißheit und Unsicherheit], 1989, Sp. 4037.

266 Stockmayer, Albrecht: [Security Arrangements], 1988, S. 217.

267 Schmidt, Reinhard H.: [Finanzierungstheorie], 1986, S. 176.

- Die Wahrscheinlichkeit der Investitionserträge ist unabhänggig von der Aufteilung gegeben und ebenfalls allen Beteiligten bekannt.

Bei einer derartigen Sichtweise stellt sich das Finanzierungsproblem als optimale Partenteilung dar. Optimal ist diejenige Zerlegung, bei der der Marktwert der einzelnen Parten maximiert wird.

Gezeigt werden kann jedoch, daß unter den genannten Prämissen die Art der Finanzierung für den Marktwert irrelevant ist.[268] Investitionen können demnach vollständig durch Kredite finanziert werden, da der Verschuldungsgrad keine Rolle spielt. Eigenkapital ist unnötig, da die Individuen in dieser Welt jede ihrer Risikovorliebe entsprechende Mischung von sicheren und unsichereren Güterbündeln im Tausch mit anderen Individuen herstellen können.[269]

Der Grund hierfür liegt in der Tatsache, daß die neoklassische Theorie von einer "Null-Transaktionskosten-Welt" ausgeht.[270] Kosten der Koordination über den Markt oder innerhalb der Unternehmung bleiben unberücksichtigt. Ausgegangen wird von einem Zustand, in dem Abschluß, Überwachung und Durchsetzung vollständiger Zeitzustandsverträge ohne Kosten möglich sind.

Festzuhalten ist, daß mit der Interpretation einer Projektfinanzierung als Netz von Kontingenzverträgen die Bedeutung der Verteilung der Umweltrisiken auf mehrere Vertragspartner bei der Gestaltung dieser Finanzierungsverträge hervorgehoben werden kann.[271] Eine Erklärung für die explizite Ausgestaltung der Verträge kann damit jedoch nicht gegeben werden.

Die Existenz der für Projektfinanzierungen typischen vertraglichen Regelungen muß aus dieser Sichtweise lediglich auf Zufall oder Willkür beruhen, da

---

268 Vgl. dazu die Literatur zu den Irrelevanztheoremen, grundlegend vorgetragen von Modigliani; Franco; Miller, Merton H.: [Cost of Capital], 1958, S. 261 ff und weiterentwickelt von Miller, Merton H.; Modigliani, Franco: [Dividend Policy], 1961, S. 411 ff und Haley, Charles W.; Schall, Lawrence D.: [Financial Decisions], 1979, S. 278 ff.

269 Hirshleifer, Jack : [Interest, and Capital], 1970, S. 144.

270 Richter, Rudolf: [Institutionenökonomische Aspekte], 1991, S. 399.

271 Harris, Milton; Raviv, Arthur: [Results on Incentive Contracts], 1978, S. 20.

das Arrow-Debreu-Modell für die Ausgestaltung von Finanzierungsverträgen eine Irrelevanz konstatiert. Eine ökonomische Begründung läßt sich daher innerhalb dieses Erklärungsrahmens nicht herleiten.

5.3. Erklärungsrelevanz der Agency-Theorie

Um für die institutionellen Gestaltungen von Projektfinanzierungen, wie sie im Kapitel 2.4.2. dargelegt wurden, theorieabgeleitete Erklärungen finden zu können, muß die neoklassische Sichtweise verlassen werden. An ihrer Stelle sollen die Aussagen der Neuen Institutionenlehre auf ihre Erklärungsrelevanz hin untersucht werden.

Innerhalb dieses Forschungszweiges steht die asymmetrische Informations-verteilung zwischen Vertragspartnern und deren Implikationen für die Ver-tragsgestaltung im Mittelpunkt des Forschungsinteresses. Die asymmetri-sche Informationsverteilung bezieht sich auf zwei Fälle, die hier mit moral hazard und Qualitätsunsicherheit bezeichnet werden.[272]

In diesem Abschnitt erfolgt eine Analyse von Situationen des moral hazard.[273] Rekurriert wird dabei auf die Charakterisierung der Agency-Beziehung sowie die Darstellung institutioneller Regelungen zum Abbau von moral hazard innerhalb des Kapitels 3.[274] Zu zeigen ist zunächst, daß agency-theoretische Überlegungen zur Analyse von Kreditbeziehungen relevant sind. Abzuleiten sind dann die für Kreditbeziehungen typischen Agency-Probleme. Schließlich ist zu untersuchen, inwiefern die Vertragsstrukturen von Projektfinanzierungen zu einem Abbau dieser Probleme beitragen.

---

[272] Unterschieden wird in anderen Arbeiten zwischen hidden action and hidden information. Vgl. Arrow, Kenneth J.: [Economics of Agency], 1985, S. 38.

[273] Vgl. Kapitel 5.4. zu einer Analyse von Situationen der Qualitätsunsicherheit.

[274] Vgl. Kapitel 3.2.

5.3.1. Das Kredigeber-Kreditnehmer-Verhältnis als Agency-Beziehung

Im folgenden ist zu zeigen, daß eine Fremdfinanzierungsbeziehung als Prinzipal-Agenten-Beziehung interpretiert werden kann. Daran anschließend sind die typischen Agency-Probleme einer Fremdfinanzierungsbeziehung zu charakterisieren.

Problematisch bei einer Anwendung der Agency-Theorie ist zunächst, welcher der Partner als Prinzipal und welcher als Agent einzustufen ist. Grundsätzlich gilt, daß der Prinzipal derjenige ist, der das für ihn relevante Tun des anderen nicht beobachten kann. Der Agent ist dagegen derjenige, der über diskretionären Handlungsspielraum verfügt und mit seinen Handlungen nicht nur den eigenen Nutzen, sondern auch die Wohlfahrt des anderen beeinflußt.

In realen Situationen sind jedoch gewöhnlich mehrere Aspekte zu beobachten. Beide Beteiligten nehmen dann sowohl die Rolle des Agenten (bezüglich eines Aspekts) als auch die Rolle des Prinzipals (bezüglich eines anderen Aspekts) ein. Es kommt zu einer Überlappung der Prinzipal-Agenten-Beziehungen.[275]

Bei dieser Betrachtung soll sich auf die Darstellung des wichtigsten Aspekts beschränkt werden und eine Kreditbeziehung wie folgt charakterisiert werden:[276]

- Der Kreditgeber erhält einen festen Anspruch auf das unsichere finanzielle Ergebnis der Handlung des Kreditnehmers in Höhe des Kreditbetrages einschließlich der vereinbarten Verzinsung. Reicht das Ergebnis nicht zur Befriedigung der Kreditgeber aus, so geht der volle Anspruch daraus auf diesen über. Der Kreditnehmer erhält den Teil des finanziellen Ergebnisses, der nach Befriedigung des Gläubigers verbleibt.

---

275 Vgl. hinsichtlich der sich bei Kapitalgebern und Unternehmung ergebenden überlappenden Prinzipal-Agenten-Beziehungen Swoboda, Peter: [Kapitalmarkt und Unternehmensfinanzierung], 1987, S. 49.
276 Terberger, Eva: [Kreditvertrag], 1988, S. 45.

- Der Kreditnehmer kann durch die Wahl seiner Handlungen seine potentielle Rückzahlungsfähigkeit, d.h. die möglichen Ergebnisse oder deren
Wahrscheinlichkeit beeinflussen. Er bestimmt damit den an den Kreditgeber entfallenden Anteil am finanziellen Ergebnis mit.

- Weiterhin ist eine Kreditbeziehung dadurch gekennzeichnet, daß der
Kreditgeber nicht oder nur unter Aufbietung von Kosten die gewählte
Handlung des Kreditnehmers genau beobachten kann.

Mit den genannten Merkmalen ist eine Agency-Beziehung beschrieben, bei
der der Kreditnehmer als Agent, der Kreditgeber als Prinzipal aufzufassen
ist.[277] Der Kreditnehmer kann frei zwischen Aktionen - verschiedenen An-
strengungsgraden - wählen, durch die er sein eigenes Nutzenniveau beeinflußt. Externe Effekte bestehen, da davon auszugehen ist, daß durch die
Wahl eines Anstrengungsgrades auch das Nutzenniveau des Kreditgebers
beeinflußt wird. Ein first-best-design ist in der Regel nicht zu erreichen, da
der Kreditgeber die gewählte Aktion des Kreditnehmers aufgrund von Um-
welteinflüssen ex post nicht beobachten kann. Der Kreditgeber kann daher
nur über die Gestaltung des Entlohnungsschemas - dargestellt durch den
Kreditvertrag - auf das Verhalten des Kreditnehmers Einfluß nehmen.

Deutlich wird bei dieser Betrachtung, daß dem Kreditnehmer die Rolle des
Agenten, dem Kreditgeber die des Prinzipals zukommt.[278]

Aufgrund der dargestellten Handlungsspielräume des Kreditnehmers ist nicht
davon auszugehen, daß bei der Aufnahme von Fremdkapital die Investitions-
und Produktionsentscheidungen kooperativ gefällt werden. Interessenkonflik-
te zwischen dem Kreditnehmer und dem Kreditgeber treten dann auf, wenn
der Kreditnehmer nach Erhalt des Fremdkapitals einen Anreiz zur Vermö-
gensverschiebung zu Lasten des Gläubigers besitzt. Eine Verbesserung der
eigenen Position könnte der Kreditnehmer zum einen dadurch erreichen, daß
er den Risikogehalt des Investitions- und Produktionsprogramms und damit

---

[277] Vgl. zur Charakterisierung einer Agency-Beziehung Kapitel 3.
[278] Swoboda, Peter: [Betriebliche Finanzierung], 1992, S. 172.

das Ausfallrisiko des Kreditgebers erhöht ("risk incentive problem"). Zum anderen kann der Kreditnehmer versuchen, durch die Aufnahme neuer Fremdkapitalgeber bzw. die Verminderung des Eigenkapitals die Ansprüche des ersten Kreditgebers zu verwässern.[279]

Im folgenden ist zu zeigen, welchen Einfluß die genannten Agency-Probleme auf die Gestaltung von Projektfinanzierungen haben.

5.3.2. Agency-Beziehung zwischen Projektgesellschaft und Kreditgebern

Zu fragen ist in diesem Abschnitt, wie die oben abgeleiteten Agency-Probleme der

- Erhöhung des Risikogehaltes sowie
- Verringerung der Eigenkapitalquote

bei Projektfinanzierungen gelöst werden.[280]

Zunächst ist dazu zu klären, in welchen Projektphasen diese Probleme auftreten.[281] Da die Planungsphase grundsätzlich mit Eigenkapital finanziert wird, verbleiben als zu diskutierende Möglichkeiten die Errichtungs- und die Betriebsphase.[282]

Das Agency-Problem einer Erhöhung des Risikogehaltes der zu tätigenden Investitionen, nachdem der Kredit begeben wurde, setzt die Investitionstätigkeit des Kreditnehmers voraus. Diese ist bei Projektfinanzierung nur während

279 Swoboda, Peter: [Kapitalmarkt und Unternehmensfinanzierung], 1987, S. 57.

280 Die nachfolgend abgeleiteten Aussagen zur Anreizstruktur bei Projektfinanzierungen gelten unabhängig von der gewählten Rechtsform. Auch im Fall eines contractual joint venture, bei dem eine Projektgesellschaft im Außenverhältnis nicht entsteht, erfolgt die Kreditbegebung nicht isoliert für die einzelnen Projektträger, sondern auf Grundlage eines - wenngleich nur im Innenverhältnis - wirksam werdenden Gesellschaftsvertrages, der Rechten und Pflichten der Projektträger festlegt. Nevitt, Peter K.: [Project Finance], 1989, S. 275.

281 Zu den verschiedenen Phasen eines Projekts vgl. Kapitel 2.4.4.

282 Clark, Pamela; Martin, Sarah: [Swing to Project Finance], 1980, S. 240.

- 115 -

der Errichtungsphase gegeben. Eine Untersuchung dieses Agency-Problems
während der Betriebsphase kann daher entfallen.

Das Agency-Problem einer Verringerung der Eigenkapitalquote kann dagegen prinzipiell sowohl während der Errichtungs-, als auch während der Betriebsphase eintreten, da in beiden Phasen Eigen- und Fremdkapital gleichermaßen zum Einsatz kommen. Eine Betrachtung dieses Problems muß
daher in beiden Phasen erfolgen.

5.3.3. Abbau von moral hazard bei Projektfinanzierungen

Aufgrund der dargestellten Virulenz der genannten Agency-Probleme muß
untersucht werden, wie diese in den jeweiligen Projektphasen abgebaut werden. Zu betrachten sind in diesem Zusammenhang die Maßnahmen der
Kreditsicherung ausgehend von der dieser Arbeit zugrundegelegten Definition.[283]

Die Maßnahmen der Kreditsicherung finden ihren Niederschlag in den Kreditbedingungen und den Kreditauflagen. Im folgenden sind die für Projektfinanzierungen typischen Teile dieser vertraglichen Regelungen darzustellen
und hinsichtlich ihres Beitrages zum Abbau von moral hazard zu untersuchen.[284]

Die Kreditbedingungen bezeichnen die Voraussetzungen, deren Erfüllung die
Verpflichtung der Darlehensgeber zur vereinbarungsgemäßen Auszahlung
entstehen läßt.[285] Charakteristisch sind Vereinbarungen, die die Voraussetzungen der Produktionsreife des Projekts gewährleisten, und Vereinbarungen, die die Verwendung der Darlehensmittel betreffen. Ihre Sicherheiten-
funktion entfalten die Kreditbedingungen in erster Linie in der Errichtungsphase; Teile, wie die Forderung nach Abschluß eines Abnahmevertrages,

[283] Vgl. Kapitel 5.1.
[284] Stockmayer, Albrecht: [Kreditsicherung], 1982, S. 221.
[285] Vgl. Kapitel 2.4.2.5.

wirken in ihrer Sicherungsfunktion jedoch in die Betriebsphase hinein.

In den Projektauflagen werden dagegen Kriterien festgelegt, die erfüllt sein müssen, damit die Darlehensgeber zu einer Aufrechterhaltung des Kreditverhältnisses bereit sind, nachdem der Kredit begeben wurde.[286] Betroffen ist davon die finanzielle und organisatorische Durchführung des Projekts während der Betriebsphase. Als Ausnahme ist die Negativklausel zu nennen, von der eine Sicherungswirkung bereits während der Errichtungsphase ausgeht.

Ihre Wirkung entfalten Kreditbedingungen und -auflagen aufgrund ihres Verbundes mit den Kündigungsklauseln. Diese legen die Fälle fest, unter denen der Kreditvertrag gekündigt werden kann und es zu einer sofortigen Fälligstellung der Darlehenshauptsumme und Zinsen kommt. Kündigungsgründe liegen gewöhnlich bei der Nichteinhaltung der Kreditbedingungen und -auflagen vor. Die Projektkredite stehen damit unter dem Vorbehalt der Erfüllung der vereinbarten Kriterien.[287]

5.3.3.1. Sicherheitenstruktur der Errichtungsphase

Zu analysieren sind in diesem Abschnitt die Kreditbedingungen als vertragliche Gestaltungen, die Sicherungsfunktionen während der Errichtungsphase entfalten. Hinsichtlich der zu betrachtenden Kreditbedingungen soll sich auf jene Vereinbarungen beschränkt werden, die typisch für die Gestaltung von Projektfinanzierungen sind. Diese stellen sich wie folgt dar:

- Joint Venture-Vertrag
- Fertigstellungsgarantie
- Abnahmeverpflichtung
- Beteiligung von externen Beratern

---

286 Smith, Clifford W.; Warner, Jerold B.: [Financial Contracting], 1979, S. 117.
287 Stockmayer, Albrecht: [Kreditsicherung], 1982, S. 133.

5.3.3.1.1. Joint Venture-Vertrag

Der Abschluß eines Joint Venture-Vertrages ist gewöhnlich Teil der Erklärungen und Zusicherungen.[288] Diese bezeichnen die formellen Voraussetzungen und Mindestbedingungen, die zur Rechtswirksamkeit der Vereinbarung auf Seiten des Darlehensnehmers erfüllt sein müssen. Gefordert wird darin der Abschluß aller für die Errichtung des Projekts sowie die Darstellung der Sicherheitenstruktur notwendigen Verträge.

Joint Ventures sind dadurch gekennzeichnet, daß zwei oder mehrere Partner ihre Erfahrungen und Mittel zusammenlegen zur Durchführung eines gemeinsamen Vorhabens, das sie gemeinsam kontrollieren und dessen Ergebnisse sie teilen.[289] Die Zusammenarbeit zwischen den Partnern wird in einem Joint Venture-Vertrag geregelt.[290] Kennzeichnend für die Joint Venture-Verträge bei Projektfinanzierungen ist, daß unabhängig von der Rechtsform, die ein solches Joint Venture annimmt, davon ausgegangen werden kann, daß jeder Joint Venturer eine Kapitaleinlage tätigt.[291]

Die Festschreibung des Abschlusses eines Joint Venture-Vertrages als Kreditbedingung in Projektkreditverträgen bewirkt, daß die Eigenkapitalfinanzierung der Fremdfinanzierung vorausgeht.[292] Erst bei Einlage der vereinbarten Eigenmittel sind die Kreditgeber zu einer Auszahlung der Kreditmittel bereit.

[288] Stockmayer, Albrecht: [Kreditsicherung], 1982, S. 227.

[289] Vgl. Kapitel 2.3.2.

[290] Hinsch, Ludwig C.; Horn, Norbert: [Vertragsrecht], 1985, S. 224.

[291] Dies gilt auch für den Fall des contractual joint venture. Um die von den Partnern angestrebte Struktur einer Projektfinanzierung zu erzielen, bedarf es auch hier einer Ausgliederung von Aktiva aus dem Vermögen der jeweiligen Projektträger. Statt - wie im Falle einer Kapitalgesellschaft - der Gründung einer rechtlich und wirtschaftlich ausgegliederten Projektgesellschaft, an der alle Projektträger beteiligt sind, hat bei einem contractual joint venture jeder einzelne Projektträger eine eigene Tochtergesellschaft zu gründen, auf die dann die jeweils einzulegenden Vermögenswerte übertragen werden. Faktisch entspricht dann das Projektvermögen der Summe der in den einzelnen im Innenverhältnis miteinander verbundenen Tochtergesellschaften eingebrachten Vermögensgüter. Motive für eine derartige Gestaltung liegen in der höheren steuerlichen Flexibilität. Nevitt, Peter K.: [Project Financing], 1989, S. 243.

[292] Vgl. dazu die illustrative Darstellung der Finanzierung des Eurotunnels bei Beaudan, Eric Y.: [Eurotunnel], 1988, S. 49 ff.

Zu prüfen sind die Anreizwirkungen dieser Vereinbarung auf die Vertragsparteien hinsichtlich der genannten Agency-Probleme.

- risk incentive-Problem

Zu betrachten ist zunächst die Gefahr einer Risikoerhöhung der Investitionen. Eine Anreizfunktion des Eigenkapitals ist hier in Verbindung mit den Kreditverwendungs- und Auszahlungsbedingungen zu sehen.

Vor der ersten Auszahlung muß das Projektunternehmen die Zusicherung abgeben, die Darlehensbeträge nur für den vereinbarten Verwendungszweck, d.h. zur Deckung von im einzelnen bezeichneten Projektkosten auszugeben.[293] Zumeist begnügen sich die Kreditgeber hinsichtlich der Zweckbindung nicht mit der vertraglichen Zusicherung des Kreditnehmers, sondern sichern sich zusätzlich durch besondere Vereinbarungen über den Auszahlungsmodus. Auszahlungen der Kreditgeber werden dann häufig direkt an die mit der Errichtung des Projekts befaßten Unternehmen und Zulieferer geleistet.[294]

Zusammen mit den Kreditverwendungs- und Auszahlungsbedingungen kann der Joint Venture-Vertrag als glaubhafte Zusicherung interpretiert werden. Die Kreditnehmer sichern den Kreditgebern einen vertragsgemäßen Einsatz der Kreditmittel zu. Diese Zusicherung wird glaubhaft durch die Einbringung von Eigenkapital als Wohlstandsposition, die durch die Kreditgeber vernichtet werden kann.

Eine vereinbarungswidrige Verwendung der Kreditmittel riskiert bei dessen Offenbarwerden die Kündigung des Kreditvertrages. Durch die damit einhergehende Fälligstellung der Kredite kommt es zu einer Verzögerung oder einer Annullierung des Projektes. Dadurch wird das bereits eingelegte Eigenkapital der Projektträger ganz oder teilweise vernichtet.

Als erstes Ergebnis der analytischen Betrachtung des Joint Venture-Vertrags

293 Vgl. Kapitel 2.4.2.5.; Stockmayer, Albrecht: [Kreditsicherung], 1982, S. 131.
294 Hinsch, Ludwig C.; Horn, Norbert: [Vertragsrecht], 1985, S. 245.

als Kreditbedingung kann damit festgehalten weden, daß dieser in Verbund mit Kreditverwendungs- und Auszahlungsbedingungen eine Pfandstellung zum Abbau des Anreizes zu einer Veränderung des Risikogehalts ex post darstellt.[295]

• Problem der Verringerung der Eigenkapitalquote

Bezog sich die eben dargestellte Anreizwirkung des Joint Venture-Vertrages auf das risk-incentive-Problem, so ist im folgenden eine Anreizwirkung bezüglich der Gefahr einer Verringerung des Eigenkapitalanteils zu zeigen.[296]

Der Nachweis der eingelegten Eigenmittel hat bereits vor der Auszahlung des ersten Kreditbetrages vorzuliegen. Da die Eigenmittel in der Regel in Projektaktiva gebunden sind, gleichzeitig aber noch kein projekteigener cash flow erzielt wird, ist ein Abzug von Eigenmitteln mit Kosten verbunden, die sich in erster Linie aus den Problemen der Wiederverwertbarkeit der Projektaktiva ergeben.

Williamson zeigt, daß Eigenkapital tendenziell für Vermögensgüter mit hoher Spezifität eingesetzt wird.[297] Demnach wäre von erheblichen Problemen der Wiederverwertbarkeit von Vermögensgütern bei einer Reduzierung der Eigenmittel durch die Sponsoren auszugehen. Diese Vermutung kann empirisch durch den Sachverhalt bekräftigt werden, daß Eigenmittel bei Projektfi-

---

295 Zur Pfandstellungsfunktion des Eigenkapitals in Verbindung mit der Fertigstellungsgarantie und der Abnahmeverpflichtung vgl. die Abschnitte 5.3.3.1.2. und 5.3.3.1.3.; vgl. dazu auch Stiglitz, Joseph E.; Weiss, Andrew: [Credit Rationing], 1981, S. 393 ff. Die Autoren versuchen, Kreditrationierung durch Agency-Probleme des Fremdkapitals in Zusammenhang mit der Forderung nach Einbringung von Eigenkapital zu erklären. Damit postulieren sie, daß bei beschränktem Eigenkapital dem Schuldner weniger Kredit gewährt wird, als er nachfragt, um ihn an der Realisierung riskanter(er) Investitionen zu hindern.

296 Der Abbau der Gefahr einer zusätzlichen Aufnahme von Fremdkapital wird an dieser Stelle nicht explizit erörtert, da in diesem Punkt keine Unterschiede einer Projektfinanzierung gegenüber Konsortialkreditverträgen bestehen. Für das genannte Problem erweist sich der Abschluß einer Negativklausel relevant. Vgl. dazu Scholz, Hellmut; Lwowski, H.-Jürgen: [Kreditsicherung], 1986, S. 124 sowie Stockmayer, Albrecht: [Kreditsicherung], 1982, S. 156

297 Vgl. Kapitel 2.5.4. sowie Williamson, Oliver E.: [Corporate Governance], 1988, S. 575 ff.

nanzierungen vorwiegend in der Planungsphase eingesetzt werden. Bei den dabei erstellten Vermögensgütern handelt es sich in erster Linie um Studien - etwa Machbarkeits- und Zweckmäßigkeitsstudien - , die naturgemäß hohe Spezifität aufweisen.[298] Eine Wiederverwertbarkeit in alternativen Verwendungen dürfte nahezu ausgeschlossen sein.

Mit den Kosten der Wiederverwertbarkeit steigt die Wahrscheinlichkeit, auf eine Verringerung des Eigenkapitalanteils zu verzichten. In diesem Sinne kann von einem weiteren Anreizmechanismus der Joint Venture-Struktur zur Lösung des genannten moral hazard-Problems ausgegangen werden. Da Eigenkapital tendenziell für Vermögensgüter hoher Spezifität eingesetzt wird, entstehen Probleme der Wiederverwertbarkeit, die eine Verringerung der Eigenmitteleinlagen der Projektgesellschaft unwahrscheinlich machen. Die Spezifität der von den Projektträgern eingelegten Vermögensgüter erhöht damit die Pfandstellungsfunktion des Eigenkapitals.

Festgehalten werden kann, daß die Festsetzung der Joint Venture-Struktur als Kreditbedingung zu einem Abbau des Risikos einer Eigenkapitalverringerung während der Errichtungsphase beiträgt.

5.3.3.1.2. Fertigstellungsgarantie

Bei der Fertigstellungsgarantie verpflichten sich in der Regel die Anlagenhersteller gegenüber den Kreditgebern, diesen bestimmte Ansprüche zu sichern.[299] Zu untersuchen ist die Anreizwirkung auf die genannten Agency-Probleme.

• risk incentive-Problem

Zu betrachten ist hier zunächst, ob die Begebung einer Fertigstellungsgarantie für den Garanten zu einer Erhöhung der Anreize beiträgt, auf eine nicht vertragsgemäße Verwendung der Kreditmittel zu verzichten. Ein solcher An-

---

[298] Herger, Hanspeter: [Eisenbahnprojekte], 1991, S. 83.
[299] Vgl. Kapitel 2.4.2.2.

reiz ist gegeben, wenn das genannte Verhalten dem Garanten höhere Kosten verursacht.

Gegenstand der genannten Garantie ist die Errichtung einer produktionsrei-
fen Anlage. Der Zustand der Produktionsreife wird in der Garantie genau definiert, und zwar meist durch gewisse Produktionsleistungen, welche die fer-
tiggestellte Anlage erbringen soll. Ein Abweichen von diesen Vereinbarungen, wie sie eine nachträgliche Änderung der Investitionspläne bewirkt, ist
daher von dem Anlagenhersteller zu verantworten. Er trägt die Kosten, daß
Kreditgeber oder andere Projektträger bei Offenbarwerden der nachträglich
durchgeführten Änderung auf die Einhaltung der vertraglich getroffenenen
Vereinbarungen bestehen.

Festgehalten werden kann daher, daß Fertigstellungsgarantien tendenziell
die Kosten für den Garanten erhöhen, von der einmal festgelegten vertraglichen Abmachung bezüglich der Spezifikationen der Projektanlage abzuweichen. Sie tragen dazu bei, einer nicht vertragsgemäßen Verwendung der Fi-
nanzierungsmittel vorzubeugen.[300]

Die Höhe des genannten Verhaltensanreizes wird zum einen bestimmt durch
den Umfang der durch die Fertigstellungsgarantie übernommenen Risiken
der Projekterrichtung. Je weitgehender die begebene Garantie gestaltet ist,
desto weniger wird der Garant bereit sein, von der ex ante festgelegten Investitionspolitik abzuweichen. Mit steigendem Umfang der garantierten Leistung nimmt für den Garanten das Risiko höherer Kosten zu und damit der
Anreiz ab, ex post eigenmächtig Änderungen der vereinbarten Investitionspolitik zu beschließen.

---

[300] Stockmayer, Albrecht: [Kreditsicherung], 1982, S. 132.

Zum anderen kann der Anreiz eines vertragsgemäßen Verhaltens durch Pfandstellungen erhöht werden. Mögliche Pfänder sind dabei Eigenkapitaleinlage, Spezifität der eingelegten Vermögensgüter sowie Reputation des Anlageherstellers.[301] Der Reputation als von den Anlagenherstellern eingebrachte Wohlstandsposition kommt dabei eine herausgehobene Stellung zu.[302]

• Problem der Verringerung der Eigenkapitalquote

Zu fragen ist hier, ob durch die Stellung einer Fertigstellungsgarantie Anreizwirkungen bezüglich des Problems der Verringerung der Eigenkapitalquote bestehen.

Für die Relevanz dieser Fragestellung ist zunächst davon auszugehen, daß der Garant auch mit Eigenkapital an der Projektgesellschaft beteiligt ist.[303] Der genannte Anreiz besteht, wenn sich für den Garanten die Kosten vermindern, die eine nicht vertragsgemäße Verringerung seiner Eigenkapitaleinlage verursachen würde.

Eine eigenmächtige Verringerung der Eigenkapitaleinlage durch den Anlagenhersteller bedeutet eine Nichteinhaltung der Kreditbedingungen und zieht mithin bei Offenbarwerden die sofortige Kündigung des Kreditvertrages bei gleichzeitiger Fälligstellung aller bisher geleisteten Kreditverbindlichkeiten nach sich. Eine derartige Vertragskündigung stellt den Projekterfolg und damit den vom Anlagenhersteller beanspruchten Anteil am erwarteten Projektcash flow in Frage.

Plausibel ist es daher anzunehmen, daß eine durch die Eigenkapitalverringerung der Anlagenhersteller ausgelöste Vertragskündigung der Kreditgeber für

---

301 Vgl. zur Darstellung der Reputation als institutionelle Regelung zum Abbau von moral hazard Kapitel 3.1.2.2.

302 "The reputation of the contractor is critical, absolutely fundamental". Vgl. Curtin, Donald: [Energy Financing], 1982, S. 38.

303 Angesichts der empirischen Evidenz erweist sich eine solche Annahme als plausibel. Vgl. Nevitt, Peter K.: [Project Financing], 1989, S. 257.

den (die) Anlagenhersteller gegenüber einer vertragsgemäßen Anlagener-
richtung mit zusätzlichen Kosten verbunden ist und mithin ein Verhaltensanreiz zum Verzicht einer Eigenkapitalverringerung besteht.

5.3.3.1.3. Abnahmeverpflichtung

Je nach Ausgestaltung der Abnahmeverträge werden dem Abnehmer ein
Bündel von Risiken während der Betriebsphase des Projekts übertragen.[304]
Neben dieser Funktion der Risikoallokation, die weiter oben untersucht
wurde,[305] ist zu prüfen, ob von einer derartigen vertraglichen Regelung auch
Anreizwirkungen für den Abbau der genannten Agency-Probleme ausgehen.

Durch die Festschreibung des Abnahmevertrages als Kreditbedingung erfolgt
eine langfristige Bindung des Abnehmers an die Projektgesellschaft. Mit dem
Umfang der in der Betriebsphase zu übernehmenden Risiken steigt dessen
Interesse an Mitsprache und Kontrolle schon während der Errichtungsphase
des Projekts.[306] Als Motiv zu nennen ist in erster Linie die Verringerung der
Gefahr von Produktionsunterbrechungen während der Betriebsphase.

Ausgegangen werden kann also von einem Anreiz der Abnehmer, die Leistung der in der Errichtungsphase verantwortlichen Projektträger - in der Regel der Anlagenhersteller - zu kontrollieren. Die Kontrolle bzw. Mitsprache
des Abnehmers kann durch eine entsprechende Gestaltung des Joint
Venture-Vertrages festgeschrieben werden.[307]

Durch die Forderung nach Abschluß eines bestimmten Typs von Abnahme-
verpflichtung kann damit seitens der Kreditgeber die Gestaltung des Joint
Venture-Vertrages beeinflußt und dadurch die Reduktion der genannten
Agency-Probleme während der Errichtungsphase bewirkt werden.[308]

---

[304] Zu den Ausgestaltungsmöglichkeiten von Abnahmeverträgen siehe ausführlich Nevitt, Peter K.: [Project Finance], 1989, S. 278 ff.

[305] Vgl. Kapitel 5.2.1.

[306] Hartshorn, Timothy; Busink, Nick: [Projektfinanzierung], 1987, S. 237.

[307] Herzfeld, Edgar: [Joint Ventures], 1987, S. 199 ff.

[308] Zu verschiedenen Typen von Abnahmeverpflichtungen vgl. Nevitt, Peter K.: [Project Financing], 1989, S. 277 ff. Auf eine Darstellung der Wirkungen hinsichtlich der

In der dargestellten Interpretation enthält die Festschreibung einer Abnahmeverpflichtung als Kreditbedingung einen Anreiz für die Abnehmer, hinsichtlich der vereinbarungsgemäßen Projekterrichtung gegenüber den dafür verantwortlichen Projektträgern eine Kontrolle durchzuführen. Der Anreiz zur Durchführung dieser Kontrolle nimmt zu mit dem Umfang der in der Betriebsphase übernommenen Projektrisiken des Abnehmers sowie den von diesem in die Projektgesellschaft eingebrachten Wohlstandsposition. Die Höhe dieser Wohlstandsposition ergibt sich additiv aus der Beteiligungshöhe, der Spezifität der eingelegten Vermögensgüter sowie der in vorangegangenen Projekten erworbenen Reputation.

5.3.3.1.4. Beteiligung von externen Beratern

Externe Berater treten in der Errichtungsphase eines Projekts in den folgenden Funktionen auf: Sie können die Überwachung der Bauarbeiten übernehmen sowie an der Ausarbeitung technischer Lösungen für die zu errichtende Anlage beteiligt werden. Darüber hinaus können externe Berater die Ergiebigkeit von Rohstofflagerstätten sowie die erwarteten Marktchancen für das Projektprodukt evaluieren.[309]

Ansatzpunkte für den Abbau der genannten Agency-Probleme ergeben sich durch die Überwachungsfunktion externer Berater. Sie bewirkt einen Abbau von ex post Informationsasymmetrien zwischen Kreditgebern und Kreditnehmern: Der Kreditgeber erhält durch den externen Berater verläßliche Informationen darüber, ob der Baufortschritt der Projektanlage sich innerhalb des vertraglich gesetzten Rahmens bewegt. Für die Kreditnehmer verringert sich der Handlungsspielraum zu opportunistischem Verhalten.[310] Damit kann die Beteiligung externer Berater eine Reduktion der genannten Agency-Probleme bewirken.

Reduzierung der einzelnen Agency-Probleme sei wegen des geringen zusätzlichen Aussagewertes verzichtet.

[309] Funk, Joachim: [Sonderformen], 1988, S. 425; Vgl. Kapitel 2.4.3.

[310] Wie im vorhergehenden Abschnitt werden auch hier die Agency-Probleme der Fremdfinanzierung integriert behandelt wegen des geringen zusätzlichen Aussagewertes, den eine Betrachtung der Einzelprobleme erbringen würde.

- 125 -

Hinsichtlich der Ausarbeitung technischer Lösungen muß dagegen ein Erklä-
rungsdefizit der Agency-Theorie konstatiert werden. Dies gilt ebenso für die
Beteiligung externer Berater bei der Feststellung der Ergiebigkeit von Rohstoffvorkommen sowie der Evaluierung der Marktchancen des Projektproduktes. Hierauf wird daher zurückzukommen sein.[311]

5.3.3.1.5. Sicherheitenstruktur der Errichtungsphase - Fazit

Während der Errichtungsphase sind zwei Agency-Probleme virulent. Zum einen stellt sich das Problem einer Erhöhung des Risikogehalts der Investition
ex post. Zum anderen kommt es zu dem Problem einer nachträglichen Verringerung des Eigenkapitalanteils.

Der Abbau dieser Agency-Probleme erfolgt im wesentlichen über Anreizmechanismen. Diese ergeben sich durch Gestaltung der Kreditbedingungen
derart, daß der Abschluß bestimmter Verträge zu erfolgen hat, bevor es zu
einer Kreditbegebung kommt. Zu nennen sind in diesem Zusammenhang der
Joint Venture-Vertrag und die Fertigstellungsgarantie.

Die Höhe der Anreize steht dabei in proportionalem Verhältnis zur Höhe der
eingebrachten Wohlstandspositionen. Als von den Projektträgern während
der Errichtungsphase einzubringende Wohlstandspositionen sind die folgenden Größen zu sehen:

- die Höhe der Eigenkapitaleinlage;
- der Garantieumfang;
- der Grad der erworbenen Reputation;
- der Grad der Wiederverwertbarkeit der im Projekt gebundenen Vermögensgüter.

Auch Kontrollmaßnahmen tragen zum Abbau der genannten Agency-Probleme bei. Zu nennen ist zum einen die Kontrolle, die durch den Abnehmer
innerhalb des Joint Venture ausgeübt wird. Der Anreiz zur Kontrollausübung

---

[311] Vgl. Kapitel 5.4.

wird dabei einerseits bestimmt durch den Umfang der übernommenen Projektrisiken während der Betriebsphase, d.h. durch den Typ des Abnahmevertrages, sowie andererseits durch die Höhe der vom Abnehmer in die Projektgesellschaft eingebrachten Wohlstandsposition. Als die Höhe dieser Wohlstandsposition bestimmende Einflußgrößen können die Eigenkapitaleinlage, der Spezifitätsgrad der eingebrachten Vermögensgüter und/oder der Grad der erworbenen Reputation identifiziert werden.

Kontrollmaßnahmen werden darüber hinaus durch die Beteiligung externer Berater ausgeübt. Diese überwachen im Auftrag der Banken den Baufortschritt der Anlage.

5.3.3.2. Sicherheitenstruktur der Betriebsphase

Wie oben gezeigt, beschränkt sich die Agency-Problematik während der Betriebsphase einer Projektfinanzierung auf das Problem der Verringerung der Eigenkapitalquote.[312] Da im Unterschied zur Errichtungsphase in der Betriebsphase ein projekteigener cash flow erzielt wird, bestehen aufgrund der Informationsasymmetrien zwischen Kreditgebern und Anteilseignern zusätzliche Handlungsanreize, auf eine Verringerung der Eigenmittel hinzuwirken, die durch die in der Errichtungsphase wirksame Sicherheitenstruktur nur teilweise abgebaut werden können.

Damit auch angesichts der veränderten Anreizstrukturen in der Betriebsphase die gleichen Sicherheitsstandards wie in der Errichtungsphase erreicht werden, müssen weitere Sicherungsvereinbarungen getroffen werden. Festgeschrieben werden zu diesem Zweck Projektauflagen. In die Betriebsphase hinein reicht darüber hinaus die Sicherungsfunktion, die von dem Abschluß einer Abnahmeverpflichtung ausgeht. Im folgenden sind diese beiden vertraglichen Gestaltungen in ihrer Wirkung hinsichtlich des Abbaus des genannten Agency-Problems zu untersuchen.

---

[312] Vgl. Kapitel 5.3.2.

5.3.3.2.1. Projektauflagen

In den Kreditauflagen werden Verhaltenskriterien festgelegt, deren Einhaltung durch die Kreditnehmer die Fähigkeit des fertiggestellten Projekts zur vertraglich vereinbarten Rückzahlung der Kreditbeträge sichern soll.[313]

Der Anreiz zur Einhaltung dieser Verhaltensbeschränkung ergibt sich - wie gezeigt - aus der Kopplung der Projektauflagen mit den Kündigungsklauseln.[314] Ein Abweichen von den gesetzten Kriterien ist mit Kosten verbunden. Diese entstehen durch die sofortige Kündigung des Kreditvertrages und der damit einhergehenden Fälligstellung der Darlehenshauptsumme und Zinsen. Die Höhe dieser Kosten kann als Pfandstellung von seiten des Kreditnehmers interpretiert werden. Projektauflagen können mithin als glaubhafte Zusicherungen dargestellt werden. Zugesichert wird das in den Auflagen festgelegte Verhalten.

Die für Projektfinanzierungen wesentlichen Kreditauflagen stellen sich wie folgt dar:[315]

• Kapitalstrukturauflagen
• Verfügungsbeschränkungen
• Informationspflichten und Inspektionsrechte

Im folgenden ist deren inhaltliche Gestaltung in Hinblick auf ihre Wirkungsweise zum Abbau des genannten Agency-Problems zu untersuchen.

• Kapitalstrukturauflagen

Kapitalstrukturauflagen dienen dazu, das Existenzrisiko des Projekts im vereinbarten Rahmen zu halten. Hier zu betrachten sind zum einen Auflagen,

---

[313] Zur Effizienz von Kreditauflagen vgl. Smith, Clifford W.; Warner, Jerold B.: [Financial Contracting], 1979, S. 147 ff.

[314] Vgl. Kapitel 5.3.3.

[315] Stockmayer, Albrecht: [Kreditsicherung], 1982, S. 132 ff; vgl. Kapitel 2.4.2.6.

die auf einen Erhalt der Liquidität des Schuldners gerichtet sind, und zum anderen Auflagen, die sich auf die Zusammensetzung der Kapitalquellen beziehen.[316]

Bei Auflagen, die die Liquidität betreffen, werden bestimmte Deckungsverhältnisse zwischen Umlaufvermögen und kurzfristigen Verbindlichkeiten festgeschrieben oder ein Mindestbetrag des Betriebskapitals festgelegt. Damit wird der Zweck verfolgt, durch Sicherung einer ausreichenden Liquidität, einen stabilen Geschäftsverlauf zu gewährleisten.[317]

Auflagen, die eine bestimmte Struktur von Eigen- und Fremdkapital beschreiben, erfüllen in erster Linie die folgenden Funktionen:

Erstens schreiben sie eine bestimmte Risikoschwelle des Darlehensgebers fest und sichern diese über die Laufzeit des Darlehens. Ausgegangen wird dabei von der Annahme, daß das Risiko eines Projekts und damit das Risiko der Darlehensrückzahlung abhängt von dem Verschuldungsgrad.

Zweitens führt die Festsetzung eines bestimmten Verhältnisses von Eigen- und Fremdkapital dazu, daß die Finanzierungslasten zwischen Projektträgern und Kreditgebern während der Darlehenslaufzeit unverändert bleiben. Damit wird dem Bedürfnis der Kreditgeber nach ausreichenden Pfandstellungen zur Sicherung der Rückzahlungsansprüche über die Laufzeit des Darlehens entsprochen.[318] "Lenders will frequently want to be assured that, once commissioned, the project is ... safe against inefficiency and breakdown".[319]

---

316 Nevitt, Peter K.: [Project Financing], 1989, S. 45.

317 Stockmayer, Albrecht: [Kreditsicherung], 1982, S. 135.

318 Vgl. Kapitel 5.3.3.1.1.; zur Festlegung von Mindesteigenkapitalquoten zur Lösung von Agency-Problemen des Fremdkapitals vgl. Ewert, R.: [Gläubigerschutz und Agency-Probleme], 1986.

319 Harding, Nick: [Contractors Perspective], 1989, S. 8.

- 129 -

• Verfügungsbeschränkungen

Verfügungsbeschränkungen treten in erster Linie in Form von Gewinnverwendungsauflagen sowie Auflagen auf, die die Veräußerung und Belastung
von Vermögen betreffen.

Wesentliche Funktion der Gewinnverwendungsauflagen besteht in der Zusicherung, Gewinne nur nach der Tilgung von Darlehensverbindlichkeiten zur
freien Verfügung der Projektträger stehen zu lassen. Damit wird die
Möglichkeit einer Reduktion des Eigenkapitaleinsatzes zu Lasten der
Kreditgeber unterbunden.[320]

Weiterhin sehen Gewinnverwendungsauflagen vor, daß Dividenden während
der Laufzeit nicht oder nur unter eingeschränkten Bedingungen gezahlt werden dürfen. Voraussetzung für die Ausschüttung von Dividenden ist die Zahlung der bis zu diesem Zeitpunkt fälligen Kapitaldienstzahlungen.[321]

Darüber hinaus kann durch weitere Bedingungen verhindert werden, daß bei
Eintritt von Übergewinnen ("windfall profits" oder "bonanzas") der Eigenkapitalanteil des Projekts vor Tilgung des Darlehens amortisiert wird. Folge einer
solchen vorzeitigen Rückzahlung des Eigenkapitalanteils wäre faktisch eine
Änderung der Verschuldungsrelation zu Lasten der Darlehensgeber. Die
Pfandstellungsfunktion, die das Eigenkapital für die Kreditgeber wahrnimmt,
würde nur noch in vermindertem Umfange erfüllt werden.[322] Die Dividenden-
zahlung wird zur Vermeidung eines solchen Effekts gewöhnlich auf einen Betrag begrenzt, der als Funktion von Nettogewinn oder Kapitaldienstzahlung
definiert wird.

Neben den Gewinnverwendungsbeschränkungen finden sich in den Kredit-
verträgen Auflagen, die dem Darlehensnehmer Verfügungen über wichtige

---

[320] Zu einer Beschränkung von Auszahlungen an die Anteilseigner zur Lösung des
genannten Agency-Problems der Fremdfinanzierung vgl. die Arbeiten von John, Kose;
Kalay, Avner: [Optimal Payout Constraints], 1982, S. 457 ff; Kalay, Avner:
[Stockholder-Bondholder Conflict], 1982, S. 211 ff.

[321] Mathews, Bernard D.: [Infrastructure Projects], 1987, S. 2.

[322] Stockmayer, Albrecht: [Kreditsicherung], 1982, S.138.

Teile des Anlage- oder Finanzvermögens verbieten. Dazu gehören das Verbot der Verschmelzung oder der Übertragung des Vermögens auf ein anderes Unternehmen, Anforderungen an die Gestaltung von Auslandsverträgen mit verbundenen Unternehmen sowie die Zustimmungspflicht bei Ausgaben, die eine bestimmte Grenze übersteigen.

Bei einer Vereinbarung einer niedrigen Schwelle für das Entstehen der Zustimmungspflicht kann die letztgenannte Beschränkung Ansatzpunkt für weitgehende Kontrollrechte in das Projektmanagement sein.[323]

• Informationspflichten und Inspektionsrechte

Die Auflage an den Darlehensnehmer, bestimmte Informationen zu übertragen, bezieht sich auf die periodisch wiederkehrende Vorlage von Bilanzen, Gewinn- und Verlustrechnungen sowie von Geschäftsberichten.[324] Darüber hinaus sind als Informationsinstrumente der Kreditgeber die Kapitalbedarfsrechnung und die Geldflußrechnung zu nennen.[325] Die Kapitalbedarfsrechnung ermöglicht die mittelfristige Abstimmung des güter- und finanzwirtschaftlichen Kreislaufes des Projektes. Die Geldflußrechnung zeigt einerseits retrospektiv die tatsächlich realisierten Ab- und Zuflüsse an liquiden Mitteln auf und erlaubt andererseits deren prospektive Planung.

Die genannten Informationsinstrumente ermöglichen eine gegenüber konventionellen Kreditfinanzierungen weitergehende Kontrolle durch die Kreditgeber.[326] Postuliert wird die These, daß bei Projektfinanzierungen das Fehlen von Kreditsicherheiten i.e.S. durch bessere Information an die Kreditgeber ausgeglichen wird.[327] Argumentiert wird dabei mit einer

---

323 Durch entsprechende Gestaltung der Mitspracherechte kann eine Budgetkontrolle des Projektmanagements erreicht werden. Vgl. Fallbeispiel bei Hinsch, Ludwig C.; Horn, Norbert: [Vertragsrecht], 1985, S. 259 ff.

324 Vgl. Kapitel 2.4.2.6.

325 Vgl. Abolins, Karlis I.: [Joint Venture-Finanzierungen], 1984, S. 256.

326 Zur Kontrollfunktion des Managements durch die Kreditgeber aufgrund der mit der Fremdkapitalbegebung einhergehenden Informationsübertragung vgl. Harris, Milton; Raviv, Artur: [Informational Role of Debt], 1990, S. 343 sowie Jensen, Michael C.: [Active Investors], 1989, S. 35.

327 Abolins, Karlis I.: [Joint Venture-Finanzierungen], 1984, S. 255; zur These der

Reduktion von Agency Costs aufgrund des Abbaus von ex post-Informationsasymmetrien zwischen Kreditgebern und Unternehmensinsidern.[328]

• Projektauflagen - Fazit

Festgehalten werden kann, daß die Projektauflagen zum einen Anreizwirkungen und zum anderen Kontrollmaßnahmen festschreiben. Anreizwirkungen gehen von der Festsetzung bestimmter Bilanzstrukturnormen aus. Gesichert werden soll damit eine hinreichende Pfandstellungsfunktion des Eigenkapitals. Kontrollmaßnahmen werden demgegenüber durch die Verfügungsbeschränkungen sowie durch die Informationspflichten und Inspektionsrechte statuiert. Diese ermöglichen den Kreditgebern den Zugang zu Informationen über den Projektverlauf sowie die Mitsprache beim Management der Projektgesellschaft.

5.3.3.2.2. Abnahmeverpflichtung

Weiter oben wurde bereits die Anreizwirkung dargestellt, die von der Festschreibung des Abnahmevertrages in den Kreditbedingungen für die Errichtungsphase ausgeht.[329] Die Argumentation bezüglich der Anreizwirkungen dieser Vereinbarung für die Betriebsphase verläuft analog.

Mit dem Umfang der in der Betriebsphase zu übernehmenden Risiken steigt der Anreiz des Abnehmers zur Mitsprache und Kontrolle im Projektunternehmen.[330] Damit wird tendenziell eine Reduktion von moral hazard

---

Information der Kreditgeber durch die Kreditnehmer als Substitut für die Begebung von Kreditsicherheiten i.e.S. vgl. Müller, Horst: [Besicherungsmöglichkeiten], 1984, S. 529.

[328] Vgl. Jensen, Michael C.: [Eclipse of the Public Corporation], 1991, S. 117, Jensen, Michel C.: [Free Cash Flow], 1986, S. 328 f sowie Stiglitz, Joseph E.: [Control of Capital], 1985, S. 140.

[329] Vgl. Kapitel 5.3.3.1.3.

[330] Masten/Crocker argumentieren dazu: "... take obligations can be viewed as a mechanism for effecting appropriate incentives for contractual performance". Vgl. Masten, Scott E.; Crocker, Keith J.: [Long-Term Contracts], 1985, S. 1084.

während der Betriebsphase des Projekts bewirkt. Als Hauptmotiv für den Abnehmer ist wiederum dessen Bestreben zu nennen, für sich das Risiko einer Betriebsunterbrechung zu reduzieren.[331]

5.3.3.2.3. Sicherheitenstruktur der Betriebsphase - Fazit

Die Sicherheitenstruktur der Betriebsphase läßt sich zusammenfassend wie folgt charakterisieren:

Das für diese Phase relevante Agency-Problem einer Verringerung der Eigenkapitalquote wird durch Handlungsanreize für die Projektgesellschaft einerseits und Kontrollmaßnahmen durch die Kreditgeber sowie des zur Abnahme verpflichteten Projektträgers andererseits abgebaut.

Die Handlungsanreize für die Projektgesellschaft ergeben sich aus der Festschreibung von Bilanzstrukturnormen und der dadurch bedingten Pfandstellung einer Eigenmitteleinlage.

Die Kontrollrechte der Kreditgeber resultieren aus den Verfügungsbeschränkungen sowie den Informationspflichten und Inspektionsrechten.[332]

---

331 Hinsch, Ludwig C.; Horn, Norbert: [Vertragsrecht], 1985, S. 254.

332 Zur Optimalität von Kreditsicherungsvereinbarungen beim Abbau von moral hazard-Problemen vgl. Terberger, Eva: [Kreditvertrag], 1988, S. 158 ff; Jensen; Michael C.; Meckling, William H.: [Theory of the Firm],1976, S. 338; Myers, Stewart C.: [Corporate Borrowing], 1977, S. 158.

Der Anreiz zur Kontrolle durch den Abnehmer entsteht zum einen durch den Umfang der während der Betriebsphase übernommenen Projektrisiken und zum anderen durch die Höhe der in die Projektgesellschaft eingebrachten Wohlstandsposition.[333] Diese ergibt sich aus:

- der Höhe der Eigenkapitaleinlage,
- dem Spezifitätsgrad der im Projekt gebundenen Vermögensgüter und/oder
- der Höhe der erworbenen Reputation.

5.3.3.3. Abbau von moral hazard bei Projektfinanzierungen - Fazit

Grundsätzlich ergeben sich zwischen Kreditgeber und -nehmer bei einer Projektfinanzierung die Agency-Probleme der Erhöhung des Risikogehalts der Investition und der Verringerung des Eigenkapitalanteils. Gezeigt werden kann mit der obigen Analyse, daß diese Agency-Probleme bei Projektfinanzierungen sowohl durch Anreizmechanismen als auch durch Kontrollaufwand abgebaut werden.

Für die Errichtungsphase konnte zunächst dargelegt werden, daß wesentliche Anreizeffekte durch die Eigenkapitaleinlage der Projektträger und die Fertigstellungsgarantie erzielt werden, die als Kreditbedingungen vertraglich festgeschrieben sind.

Kontrollmaßnahmen werden in dieser Phase durch die Abnehmer und externe Berater ausgeübt. Während letztere direkt von den Banken beauftragt werden, ist die Motivation der Abnehmer zur Kontrolle insbesondere durch den Umfang der zu übernehmenden Projektrisiken in der Betriebsphase induziert.

---

333 Bezüglich der Höhe der Eigenkapitaleinlage durch die Projektträger bemerkt Heintzeler: "Anders als in der Bilanz eines Unternehmens, in der die Eigenmittelquote die Summe verschiedener historischer Gegebenheiten darstellt, muß für jedes Projekt eine unabhängige Entscheidung über den Eigenmittelanteil getroffen werden. ... Faktoren, die hier berücksichtigt werden, sind die Art des Projektes und die zu übernehmenden Risiken, die Erfahrung und das Know How des Sponsors ...". Vgl. Heintzeler, Frank: [Internationale Projektfinanzierung], 1983, S. 10.

Durch das Entstehen eines projekteigenen cash flow in der Betriebsphase erhöht sich der diskretionäre Handlungsspielraum für das Projektmanagement. Die Festschreibung von Projektauflagen von seiten der Kreditgeber trägt dieser veränderten Anreizstruktur Rechnung.

Zum einen werden Bilanzstrukturnormen sowie Beschränkungen bei der Gewinnverwendung festgeschrieben, um die von dem Eigenkapital ausgehende Pfandstellungsfunktion über die gesamte Laufzeit des Projektes zu erhalten. Zum anderen werden den Kreditgebern Informations- und Mitspracherechte eingeräumt, um ein Abweichen von den im Kreditvertrag ursprünglich festgelegten Sicherheitsstandards zu verhindern.

Neben einer Kontrolle durch die Kreditgeber werden Kontrollmaßnahmen darüber hinaus durch die Abnehmer durchgeführt. Der Anreiz zu dieser Kontrollausübung resultiert aus dem Umfang der zu übernehmenden Projektrisiken, d.h. aus der Gestaltung der Abnahmeverpflichtung.

5.3.4. Erklärungsdefizite der Agency-Theorie

Nicht erklärt werden konnte bislang die Beteiligung externer Experten und Consultants bei Projektfinanzierungen, soweit durch diese keine Überwachunsaufgaben wahrgenommen werden.[334] Folgende Funktionsbereiche externer Berater bei Projektfinanzierungen sind damit noch nicht erfaßt:

*   Die Evaluierung der Rohstoffvorkommen hinsichtlich Qualität und Quantität.
*   Die Evaluierung der Marktchancen des Projektproduktes oder der Projektleistung.
*   Die Entwicklung technischer Lösungen für die zu errichtende Anlage.

---

[334] Zur agency-theoretischen Erklärung der Beteiligung externer Berater mit Überwachungsfunktion vgl. 5.3.3.1.4.

Zur Erfassung der dargestellten Funktionsbereiche ist im folgenden der agency-theoretische Erklärungsansatz um eine informationsökonomische Komponente zu erweitern.[335]

5.4. Erklärungsrelevanz der Informationsökonomik

5.4.1. Informationsverteilung bei Qualitätsunsicherheit

Ausgegangen wird bei dem informationsökonomischen Erklärungsansatz von einer Situation der Qualitätsunsicherheit von Gütern. Diese ist gekennzeichnet durch eine Verhandlungssituation, bei der der Verhandlungspartner A unsicher ist bzgl. der Fähigkeit von B, dessen Qualifikation bzw. der Qualität der von diesem zu erbringenden Gegenleistung. Charakteristikum der Qualitätsunsicherheit ist es, daß die Merkmalsausprägungen des B bei Vertragsverhandlung nicht mehr dessen willentlicher Gestaltung unterliegen, sondern wie ein Datum feststehen. Die tatsächliche Qualifikation bzw. die Qualität der Gegenleistung des B wird dem A erst nach Vertragsabschluß deutlich. Ex ante ist sie ihm verborgen.[336]

Bei dem Umgang mit dem Problem der Qualitätsunsicherheit hat der Abnehmer der Leistung zunächst hinsichtlich der aus einer Entscheidung bei unvollkommener Information zu erwartenden Nachteile gegenüber einer Informationsbeschaffung abzuwägen. Maßstab für die Informationsbeschaffungsaktivität ist der entscheidungstheoretische Informationswert: Wieviel ist A maximal bereit zu zahlen, um die Merkmalsausprägungen des B korrekt zu beurteilen?[337]

---

335 Zur Komplementarität dieser beiden Ansätze vgl. Hartmann-Wendels, Thomas: [Moral Hazard], 1990, S. 230.

336 Spremann, Klaus: [Asymmetrische Information], 1990, S. 567.

337 Spremann, Klaus: [Agent und Principal], 1987, S. 8.

Der Abbau von Qualitätsunsicherheit kann durch zwei Formen der Informationsbeschaffung ermöglicht werden. Zum einen können die zur Beurteilung der Qualität erforderlichen Informationen direkt beschafft werden. Zum anderen kann A seinen Kaufvertrag so gestalten, daß der Anbieter, dem die Qualität bekannt ist, seine Informationen offenbart (Indirekte Informationsbeschaffung).

Die Auswahlentscheidung über die optimale Informationsbeschaffungsstrategie erfolgt in Abhängigkeit von den jeweils entstehenden Informationsbeschaffungskosten. Direkte Informationsbeschaffung wird dann unternommen, wenn das Verhaltensmerkmal von B zu vergleichsweise geringen Kosten erfahren werden kann. Die gehandelten Güter können in diesem Fall als Nelson-Güter charakterisiert werden.[338] Zu verweisen ist auf die Literatur stochastischer Such- und Stop-Modelle.[339]

Im Falle eines hohen Informationswertes und hoher Informationsbeschaffungskosten erweisen sich dagegen indirekte Informationsbeschaffungsstrategien ("signalling") als vorteilhaft. Dies ist besonders dann der Fall, wenn zwischen den Vertragsparteien ein Akerlof-Gut gehandelt wird und die Gefahr einer "adverse selection" (Gegenauswahl) droht.[340]

Am Beispiel des Kreditmarkts kann ein adverse selection-Effekt wie folgt dargestellt werden:[341] Kreditverträge, deren Konditionen sich an der durchschnittlichen Bonität aller Kreditnehmer ausrichten, werden nur von solchen Kreditnehmern angenommen, die ein überdurchschnittlich hohes Ausfallrisiko aufweisen. Für den Kreditgeber entfällt damit die Möglichkeit, durch die Mischung zahlreicher Kreditengagements, das Risiko der

---

338 Nelson, Peter: [Information and Consumer Behaviour], 1970, S. 312.

339 Stigler, George J.: [Economics of Information], 1961, S. 213; McCall, John J.: [Economics of Information] , 1970, S. 113; Salop, Steve; Stiglitz, Joseph E.: [Bargains and Ripoffs], 1977; Chan, Yuk-S.; Leland, Hayne E.: [Price and Qualities], 1982, S. 499.

340 Akerlof, George A.: [The Market for "Lemons"], 1970, S. 488 ff.

341 Stiglitz, Joseph E.; Weiss, Andrew: [Credit Rationing] , 1981, S. 393.

- 137 -

Fehlinformation zu reduzieren.[342]

Als Signale zum Abbau dieser Informationsasymmetrien können Markenna-
men, Reputation, Garantien oder langfristige Geschäftsbeziehungen dienen.[343]

5.4.2. Abbau der Qualitätsunsicherheit bei Projektfinanzierung

Bei Projektfinanzierungen kann davon ausgegangen werden, daß der Informationswert bestimmter Qualitätsmerkmale des Projekts hoch ist. Zu nennen
sind hier insbesonders die Reservebestände bei Rohstoffprojekten, die Prog-
nosen bezüglich der Marktchancen des Projektprodukts bzw. der Projektleistung sowie die technischen Fähigkeiten der Projektträger zur Projektplanung und -errichtung im allgemeinen.[344] Dabei handelt es sich um
Merkmale, die Eckwerte der Wirtschaftlichkeitsberechnung des Projekts
darstellen, deren verläßliche und vollständige Kenntnisnahme für die
Kreditgeber bedeutsam ist.

Die genannten Qualitätsunsicherheiten bei Projektfinanzierungen betreffen
Fähigkeiten der Projektträger. Zum einen sind es bestimmte, für die Anlagen-
errichtung erforderliche Fähigkeiten, zum anderen Fähigkeiten zur
Informationsgenerierung.

Hinsichtlich von Teilaspekten bei der Bewältigung bestimmter Aufgaben in
der Errichtungsphase ist es plausibel, von einem beschränkten Know how
der Projektträger auszugehen. Zu nennen sind spezialisierte Ingenieursleistungen. Der Einsatz externer Experten kann in einer derartigen Situation zu
einer Komplementierung des Fähigkeitenpotentials der Projektträger beitragen.

---

342 Vgl. Myers, Stewart C.; Majluf, Nicholas S.: [Corporate Financing and Investment
Decisions], 1984, S. 187 ff bezüglich einer Darstellung des adverse selection-Effektes
am Beispiel der Emission junger Aktien.

343 Zur Bedeutung der Reputation und langfristiger Geschäftsbeziehungen bei der
Kreditentscheidung von Kreditinstituten vgl. Jacob, Adolf-F.: [Finanzierungsregeln],
1991, S. 118 ff.

344 Stockmayer, Albrecht: [Kreditvertrag], 1982, S. 230; Heintzeler, Frank: [Kalkuliertes
Risiko], 1981, S. 47.

Von beschränktem Know how der Projektträger kann ferner bei der Generierung bestimmter Informationen augegangen werden. Zu nennen ist hier die Bestimmung des Reserveumfanges bei Rohstoffprojekten sowie die Bewertung der Marktfähigkeit des Projektproduktes oder der Projektleistung bei Infrastruktur- oder Hochtechnologieprojekten.[345] Der Einsatz unabhängiger Experten kann hier zu einer Erhöhung der Verläßlichkeit der generierten Informationen beitragen.

Kennzeichnend für die externen Experten und Berater ist, daß sie bei gewissen Teilaspekten der Projektdurchführung in stärkerem Maße als die Projektträger in der Lage sind, gegenüber den Kreditgebern einen Abbau der Unsicherheit hinsichtlich der geforderten Qualifikationen zu erreichen. Diese Diskrepanz ist durch die in ihrem jeweiligen Tätigkeitsfeld erworbene Reputation zu erklären, die über die der Projektträger hinausgeht.[346]

Die sich aus der Informationsbeschaffung durch externe Berater ergebenden Kosten rechtfertigen sich durch den hohen Informationswert der besagten Projektmerkmale für die Kreditgeber.

5.4.3. Erklärungsrelevanz der Informationsökonomik - Fazit

Kreditgeber fordern von den Projektträgern den Einsatz von externen Experten und Beratern, weil sie zumindest teilweise unsicher sind hinsichtlich bestimmter Fähigkeiten der Projektträger, deren Vorhandensein sie für eine vertragsgemäße Projektdurchführung als unerläßlich ansehen. Ausgegangen werden kann daher von einem Problem der Qualitätsunsicherheit.

Zwei Arten von Qualitätsunsicherheit können bei Projektfinanzierungen identifiziert werden. Zum einen besteht Unsicherheit hinsichtlich der Fähigkeiten der Projektträger zur Erbringung bestimmter Ingenieursleistungen während

---

345 Abitzsch, Sven: [Raumfahrtgroßprojekte], 1989, S. 10.

346 o.V.: [Project Finance], 1992, S. 8.

der Errichtungsphase; zum anderen besteht Qualitätsunsicherheit bezüglich der Fähigkeit der Projektträger zur Generierung spezifischer Informationen während der Planungsphase des Projekts.

Sowohl hinsichtlich der Komplementierung der Fähigkeiten des Projektträgers während der Projekterrichtung als auch bezüglich der Generierung von Informationen ergibt sich die Vorteilhaftigkeit des Einsatzes unabhängiger Berater aufgrund der von diesen aufgebauten Reputation. Diese ist höher als die der Projektträger in den vergleichbaren Leistungsbereichen. Durch eine Beteiligung von externen Beratern kann daher ein stärkerer Abbau von Qualitätsunsicherheit erzielt werden, als dies bei einem alleinigen Rekurrieren auf die Projektträger möglich wäre. Die Kosten, die deren Einsatz bedingt, rechtfertigen sich durch den hohen Informationswert der besagten Merkmale für die Kreditgeber.

5.5. Analyse der Vertragsstruktur von Projektfinanzierungen - Fazit

Dargestellt wird in diesem Kapitel ein Erklärungsrahmen zur Analyse der Vertragsstruktur von Projektfinanzierungen. Das Verhältnis zwischen Kreditgebern und Projektgesellschaft wird dabei als Agency-Beziehung interpretiert. Folgende Hypothesen können aus der obigen Analyse abgeleitet werden.

• Mit dem Aspekt der Allokation von Umweltrisiken kann eine Funktion, nicht aber die explizite vertragliche Gestaltung von Projektfinanzierungen erklärt werden.

• Joint Venture-Struktur und Fertigstellungsgarantie als typische Vertragsmerkmale von Projektfinanzierungen sind als Anreizmechanismen zur Reduktion der Agency-Probleme der Fremdfinanzierung anzusehen. Der Abbau dieser Agency-Probleme erfolgt um so weitgehender, je höher der Betrag der in der Projektgesellschaft eingelegten Eigenmittel, je weitgehender die Fertigstellungsgarantie gestaltet, je höher die eingebrachte Reputation der beteiligten Projektträger und je niedriger der Grad der Wiederverwertbarkeit der im Projekt eingebundenen Vermögensgüter ist.

• Durch die Gestaltung der Abnahmeverpflichtung wird ein Verhaltensanreiz für die Abnehmer induziert, in der Errichtungs- und Betriebsphase des Projekts das Verhalten der übrigen Projektträger zu kontrollieren. Dieser Anreiz steigt mit dem Umfang der durch den Abnehmer in der Betriebsphase zu übernehmenden Risiken.

• Die in den Projektauflagen festgeschriebenen Verfügungsbeschränkungen und Informationspflichten für die Projektträger sind als Kontroll- und Mitspracherechte der Kreditgeber zu interpretieren, die der durch die Entstehung eines projekteigenen cash flow veränderten Anreizstruktur in der Betriebsphase Rechnung tragen.

• Die Beteiligung externer Berater ist zum einen als Kontrollmechanismus der Kreditgeber während der Errichtungsphase anzusehen. Zum anderen kann durch externe Berater ein Abbau der Qualitätsunsicherheit zwischen Projektgesellschaft und Kreditgebern bezüglich bestimmter Eigenschaften der Projektträger bewirkt werden. Mangelnde oder mindere Qualitäten der Projektträger in Teilaspekten der Projektplanung und -errichtung werden durch komparativ höhere Qualitäten externer Berater ersetzt. Qualitäten der externen Berater werden dabei glaubhaft übermittelt durch deren in vorhergehenden Projekten aufgebauten Reputation.

Angesichts dieser Hypothesen erscheint es plausibel, von einer Erklärungsrelevanz sowohl agency-theoretischer als auch informationsökonomischer Ansätze bei der Analyse der Vertragsstruktur von Projektfinanzierungen auszugehen. Damit kann ein weiterer Beleg für die These geliefert werden, daß neben Aspekten der Risikoteilung Probleme der asymmetrischen Informationsverteilung zwischen den Vertragspartnern für die Gestaltung von Finanzierungsbeziehungen verantwortlich sind.[347]

---

[347] Hax, Herbert; Hartmann-Wendels, Thomas; von Hinten, Peter: [Finanzierungstheorie], 1988, S. 711; Shapiro, Alan C.: [Guidelines], 1986, S. 6; Spremann, Klaus: [Asymmetrische Information], 1990, S. 574.

6. Schluß

Ziel dieser Arbeit war es zu zeigen, warum es Projektfinanzierung gibt. Angenommen wird, daß Vertragsstrukturen das intelligente, zielgerichtete Verhalten von Individuen reflektieren. Der Versuch wurde unternommen darzustellen, wie die mit einer Projektfinanzierung verbundene Vertragsstruktur den Interessen der einzelnen Beteiligten entgegen kommt.[348]

Ausgehend von der in der Literatur zur Projektfinanzierung feststellbaren empirischen Evidenz konnte abgeleitet werden, daß Projektfinanzierung immer nur bei dem Vorliegen von Projektstrukturen zum Einsatz kommt. Ein Verständnis der Existenzbedingungen einer Projektfinanzierung erfordert daher implizit Klarheit bezüglich der Bestimmungsgründe von Projektstrukturen.

In einem ersten Schritt waren deshalb die Bedingungen - ökonomische und außerökonomische - darzulegen, unter denen eine Projektstruktur als Koordinationsinstrument Effizienzvorteile gegenüber alternativen Koordinationsformen aufweist. Als zu analysierende Merkmale der Projektstruktur wurden dabei die wirtschaftlich und rechtlich selbständige Unternehmenseinheit sowie der Sachverhalt zweier oder mehrerer Projektträger aufgefaßt.

Die Einrichtung einer wirtschaftlich und rechtlich selbständigen Unternehmenseinheit wurde in erster Linie mit der Existenz von Transaktionskosten begründet. Als Ursachen wurden spezifische Leistungsbeziehungen mit der Gefahr des hold up durch eine Vertragsseite sowie Probleme der Be-

---

348 Vgl. Goldberg, Victor P.; Erickson, John E.: [Long-Term Contracts], 1982, S. 55, die bemerken: "This is rather similar to the biologist attempting to explain why a giraffes's long neck might enhance the survivability of the species. The analogy highlights an important point - the usefulness of a particular contract term, or of a long neck, depends critically on the context". Ähnlich argumentiert Hauser: "Was wir brauchen, ist nicht so sehr eine normative Theorie von Institutionen, als vielmehr ihre empirische Begründung." Vgl. Hauser, Heinz: [Theorie der Institutionen], 1981, S. 60. Weiterführend bemerkt Krahnen: "Eine funktionale Deutung von Vertragselementen setzt aber eine entscheidungsorientierte und situationsbezogene Analyse voraus." Vgl. Krahnen, Jan-P.: [Kreditarrangements], 1988, S. 343.

wertung, Übertragung von Informationen zwischen den Projektbeteiligten identifiziert.

Der Joint Venture-Charakter von Projekten wurde dagegen auf Skalen- und Verbundvorteile, niedrigere Kapitalkosten sowie geringere Managementkosten zurückgeführt. Abgegrenzt wurde dabei gegenüber den Koordinationsalternativen der Akquisition sowie des unternehmerischen Alleingangs.

Mit der Herleitung der Bestimmungsfaktoren einer Projektstruktur konnte die Projektfinanzierung implizit erkärt werden: Nur Projektstrukturen in dem definierten Sinne werden projektfinanziert. Nicht erbracht wurde damit jedoch eine Erklärung für die bei Projektfinanzierungen typischen Vertragsmerkmale einer Fertigstellungsgarantie, einer Abnahmeverpflichtung, einer Festschreibung von Kontroll- und Mitspracherechten der Kreditgeber sowie einer Beteiligung von externen Beratern.

Um diese vertraglichen Regelungen explizit erfassen zu können, wurde in einem zweiten Schritt auf die Agency-Theorie rekurriert und das Verhältnis zwischen Kreditgebern und Projektträgern als Prinzipal-Agenten-Beziehung interpretiert. Die genannten Regelungen können dann als Anreiz- und Kontrollmechanismen zum Abbau des moral hazard durch die Projektträger gesehen werden. Analog kann auch die Joint Venture-Struktur und die damit verbundene Eigenkapitaleinlage der Projektträger ausgelegt werden.

Damit kann für die Joint Venture-Struktur eine Doppelfunktion festgestellt werden: neben dem Abbau der Verhaltensrisiken zwischen den Projektträgern, wie sie auf der Ebene der Projektstruktur diskutiert wurden, bewirkt sie darüber hinaus den Abbau von Verhaltensrisiken zwischen Projektträgern und Kreditgebern.

Erweitert werden kann mit dieser finanzierungstheoretischen Analyse die in der Literatur vorherrschende Auffassung, Projektfinanzierung sei als risk sharing zu begreifen. Während die Richtigkeit dieser Aussage nicht in Zweifel gezogen wird, erfolgt in dieser Arbeit der weitergehende Hinweis, daß die Vertragsstrukturen einer Projektfinanzierung erst durch den Einbezug von Verhaltensrisiken zwischen den Projektbeteiligten hinreichend erklärt werden.

Die geleistete Arbeit ist als ein Erklärungsrahmen zu sehen, innerhalb dessen modulartig einzelne Bestandteile zur Erklärung einer Projektstruktur bzw. der vertraglichen Gestaltung von Projektfinanzierungen herangezogen werden können. Wünschenswert wäre hier eine höhere Quantifizierbarkeit der Aussagen in bezug auf bestimmte Eigenschaften der Leistungsbeziehungen, um zu einem Entscheidungsmodell zu gelangen. Aufschlußreich könnte darüber hinaus auch eine weitergehende empirische Überprüfung der abgeleiteten Hypothesen sein.

Literaturverzeichnis

Abitzsch, Sven: Finanzierung von [Raumfahrtgroßprojekte]n, TU Berlin, Institut für Luft- und Raumfahrt, 1989

Abolins, Karlis I.: Projektfinanzierung als Instrument für [Joint-Venture-Finanzierungen], Sparkasse, 101. Jg., 7, 1984, S. 253-256

Ahalt, Gordon F.: How [the oil industry uses project finance], The Banker, 127. Jg., Nr. 622, 1977, S. 61-63

Akerlof, George A.: The [market for "lemons"]: Qualitative uncertainty and the market mechanism, Quarterly Journal of Economics, 84, 1970, S. 488-500

Albach, Horst: [Ungewißheit und Unsicherheit], in: Grochla, Erwin et al. (Hrsg.): Handwörterbuch der Betriebswirtschaft, 4. Aufl., Stuttgart 1989, Sp. 4036-4041

Albach, Horst: [Finanzierungsregeln] und Kapitalstruktur der Unternehmung, in: Christans, F. Wilhelm (Hrsg.): Finanzierungshandbuch, 2. Aufl., Wiesbaden 1988, S. 599-626

Albach, Horst: [Kosten, Transaktionen] und externe Effekte im betrieblichen Rechnungswesen, Zeitschrift für Betriebswirtschaft, 58, 1988, S. 1143-1170

Albach, Horst: [Vertrauen] in der ökonomischen Theorie, Zeitschrift für die gesamte Staatswissenschaft, 136, 1980, S. 2-11

Alchian, Armen A.: [Specificity], Specialization, and Coalitions, Zeitschrift für die gesamte Staatswissenschaft, 140, 1984, S. 34-49

Alchian, Armen A.; Demsetz, Harold: Production, [Information], Costs and Economic Organization, American Economic Review, 62, 5, 1972, S. 777-795

Alchian, Armen A.; Woodward, Susan: [The Firm is dead]; Long Live the Firm; Journal of Economic Literature, Vol. 26, März 1988, S. 65-79

Arrow, Kenneth J.: [Agency] and the Market, in: Arrow, Kenneth J.; Intrilligator, Malcolm D. (Hrsg.): Handbook of Mathematical Economics, Vol. 3, North-Holland 1986, S. 1183-1195

Arrow, Kenneth J.: The [Economics of Agency], in: Pratt, John W.; Zeckhauser, Richard J. (Hrsg): Principals and Agents: The Structure of Business, Boston 1985, S. 37-51

Arrow, Kenneth J.: The [Potentials and Limits] of the Market in Resource Allocation, in: Feiwel, George R. (Hrsg.): Issues in Contemporary Microeconomics and Welfare, London, 1985, S. 107-124

Arrow, Kenneth J.: Die Grenzen der [Organisation], Wiesbaden 1980

Arrow, Kenneth J.: [Vertical Integration] and Communications, Bell Journal of Economics, 6, 1975, S. 173-183

Arrow, Kenneth J.: Essays in the Theory of [Risk-bearing], Chicago 1971

Arrow, Kenneth J.: The Role of Securities in the [Optimal Allocation of Risk-bearing], Review of Economic Studies, 31, Nr. 86, 1964, S. 91-96

Backhaus, Klaus: Internationale [Projektfinanzierung], in: Macharzina, Klaus; Welge, Martin K. (Hrsg.): Handwörterbuch Export und Internationale Unternehmung, Stuttgart 1989, Sp. 1728-1736

Backhaus, Klaus; Molter, Wolfgang: Internationale [Auftragsfinanzierung], in: Macharzina, Klaus; Welge, Martin K. (Hrsg.): Handwörterbuch Export und Internationale Unternehmung, Stuttgart 1989, Sp. 49-67

Backhaus, Klaus; Sandrock, Otto; Schill, Jörg; Uekermann, Heinrich (Hrsg.): Projektfinanzierung, Stuttgart 1990

Backhaus, Klaus; Schill; Jörg; Sandrock, Jürgen: Die [Bedeutung der Projektfinanzierung] vor dem Hintergrund der weltwirtschaftlichen Entwicklung, in: Backhaus, Klaus; Sandrock, Otto; Schill, Jörg; Uekermann, Heinrich (Hrsg.): Projektfinanzierung, Stuttgart 1990, S. 1-12

Backhaus, Klaus; Uekermann, Heinrich: [Projektfinanzierung]- eine Methode zur Finanzierung von Großprojekten, WiSt, 3, 1990, S. 106-112

Barnard, Chester: The Functions of the Executive, Cambridge, Mass., 1938

Barrett, Matthew: [Project finance] develops new risks, Euromoney, Oktober 1986, S. 73-81

Barrett, Nick: [Risk Finance] without the Risk, New Civil Engineer, 9. März 1989, S. 20-21

Baumol, William J.; Panzar, John C.; Willig, Robert D.: [Contestable Markets] and the Theory of Industry Structure, New York 1988

Baur, Cornelius: [Make-or-Buy-Entscheidungen] in einem Unternehmen der Automobilindustrie, München 1990

Beamish, Paul W.: Multinational [Joint Ventures] in Developing Countries, London 1988

Beaudan, Eric Y.: The Eighth Wonder: The Financing of [Eurotunnel], September/Oktober, Financial Executive, 1988, S. 49-52

Beidleman, Carl R.; Fletcher, Donna; Veshosky, David: On Allocating Risk: The [Essence of Project Finance], Sloan Management Review, Spring 1990, S. 47-55

Belka, Hans-G.: Die Projektfinanzierung als Finanzierungstechnik zur Realisierung neuer [Bergbauprojekte], Berlin 1983

Billand, Frank: [Projektfinanzierung und -entwicklung] im Auslandsbau - Erfahrungen und Perspektiven aus der Sicht eines Bauunternehmens, in: Horváth, Peter (Hrsg.): Internationalisierung des Controlling; Stuttgart 1989, S. 323-339

Black, Fisher; Scholes, Myron: The Pricing of Options and Corporate Liabilities, Journal of Political Economy, 1973, S. 637-654

Blickle, Marina: [Information Systems] and the Design of Optimal Contracts, in: Bamberg, Günter; Spremann, Klaus (Hrsg.): Agency Theory, Information and Incentives, Berlin 1987, S. 93-103

Brady, Simon: [UK Market goes Power Crazy], Euromoney - Special Supplement, Juni 1990 1990, S. 13-24

Brand, Dieter: Der [Transaktionskostenansatz], in der betriebswirtschaftlichen Organisationstheorie, Frankfurt a.M. 1990

Breuel, Birgit: [Venture] Capital, in: Christians, F. Wilhelm (Hrsg.): Finanzierungshandbuch, 2. Aufl., Wiesbaden 1988, S. 577-598

Brzozowski, Leonard J.; Turner, Lee D.; Olsen, Eric E.: [Project Financing Evaluation] - A Simulation Approach, Journal of Bank Research, 8, Frühling 1977, S. 40-49

Büchs, Matthias: Zwischen [Markt und Hierarchie], Kooperationen als alternative Koordinationsform, Zeitschrift für Betriebswirtschaft-Ergänzungsheft, 1,1991, S. 1-37

Busse von Colbe, Walter: Betriebs- und [Unternehmensgröße], in: Grochla, Erwin; Wittmann, Waldemar (Hrsg.): Handwörterbuch der Betriebswirtschaft, Stuttgart 1984, Sp. 566-579

Carnevale, Francesca: [Projects a-plenty]: but where's the cash?, Trade Finance & Banker International, September 1989, S. 25-27

Castle, Grover R.: [Project Financing] - Guidelines for the Commercial Banker, The Journal of Commercial Bank Lending, 57. Jg., Nr. 4, 1975, S. 14-30

Chan, Yuk-Shee; Leland, Hayne E.: [Prices and Qualities] in Markets with Costly Information, Review of Economic Studies, 49, 1982, S. 499-516

Chen, Andrew H.; Kensinger, John W.; Martin, John D.: Integration without Merger: [Project Financing], Working Paper, Graduate School of Business, University of Texas at Austin, 1990

Clarke, Pamela; Martin, Sarah: The big [Swing to Project Finance], Euromoney, Oktober 1990, S. 233-243

Coase, Ronald H.: The [Nature of the Firm], Economica 4, 1937, S. 386-405

Coase, Ronald H.: The [Problem of Social Cost], Journal of Law and Economics, Vol. 3, Okt. 1960, S. 1-44

Commons, John R.: [Institutional Economics], Madison 1934

Contractor, Farok J.; Lorange, Peter: Why Should Firms Cooperate? The Strategy and Economic Basis for [Cooperative Ventures], in: Contractor, Farok; Lorange, Peter (Hrsg.): Cooperative Strategies in International Business, Lexington 1987, S. 3-30

Cornell, Bradford; Shapiro, Alan C.: [Corporate Stakeholders] and Corporate Finance, Financial Management, Spring 1987, S. 5-14

Curtin, Donald: The Risk Explosion in [Energy Financing], Euromoney, Januar 1982, S. 30-48

De Alessi, Louis: The Economics of [Property Rights]: A Review of the Evidence, Research in Law and Economics, Vol. 2, 1980, S. 1-47

Debreu, Gérard: [Theory of Value], New Haven1959

Dorow, Wolfgang; Weiermeier, Klaus: [Markt versus Unternehmung]: Anmerkungen zu methodischen und inhaltlichen Problemen des Transaktionskostenansatzes, in: Schanz, Günther (Hrsg.): Betriebswirtschaftslehre und Nationalökonomie, Wiesbaden 1984, S. 191-223

Elsner, Wolfram: Ökonomische [Institutionenanalyse], Berlin 1986

Ewert, Rainer: Rechnungslegung, [Gläubigerschutz und Agency-Probleme], Wiesbaden 1986

Fama, Eugene F.: [What's Different] about Banks?, Journal of Monetary Economics, 15, 1985, S. 29-39

Fama, Eugene F.; Jensen, Michael C.: [Agency Problems] and Residual Claims, Journal of Law and Economics, 26, Juni 1983, S. 327-349

Fieten, Robert: [Financial Engineering]-Komponente des industriellen Großanlagengeschäftes, in: Macharzina, Klaus (Hrsg.): Finanz- und bankwirtschaftliche Probleme bei internationaler Unternehmenstätigkeit, Stuttgart 1985, S. 163-194

Ferrigno, Joseph W.: Funding and Organization of Major ["BOT" Construction Projects], Vortrag auf der Second International Construction Projects Conference, London 5./6. Juni 1989, S. 1-12

Ferrigno, Joseph W.: [Public and private] - it's mutual, Euromoney, August 1988, S. 50-51

Forrester, J. Paul; Coles, Ian R.; Wexler, Thomas C.: [Project Finance] in the United States, Global Investor, November 1992, S. 104-110

Forster, Meinhard: [Unternehmenspolitische Überlegungen] zur Projektfinanzierung, Schriftenreihe der Gesellschaft Deutscher Metallhütten- und Bergleute, Heft 45, Clausthal-Zellerfeld 1985, S. 37-51

Fowler, Theodore V.: [Big Business for Banks], The Banker, 127. Jg., Nr. 622, S. 49-61

Frank, Hermann: [Project Financing], Wien, 1986

Franke, Günther: [Costless Signalling] in Financial Markets, Journal of Finance 42, 1987, 4, S. 809-822

Funk, Joachim: Projektfinanzierung, in: Christians, F. Wilhelm (Hrsg.): Finanzierungshandbuch, 2. Aufl., Wiesbaden 1988, S. 423-435

Furubotn, Eirik G.; Pejovich, Svetozar: [Property Rights] and Economic Theory: A Survey of Recent Literature, Journal of Economic Literature, 10, 1972, S. 1137-1162

Gilley, Otis W.; Karels, Gordon V.; Lyon, Randolph M.: [Joint Ventures] and Offshore Oil Lease Sales, Economic Inquiry, 23, April 1985, S. 321-339

Goldberg, Victor P.: [Price Adjustments] in Long Term Contracts, 1985, Wisconsin Law Review, 1985, S. 527

Goldberg, Victor P.: [Production Functions], Transaction Costs and the New Institutionalism, in: Feiwel, George R. (Hrsg.): Issues in Contemporary Microeconomics and Welfare, London 1985, S. 395-402

Goldberg, Victor R.; Erickson, John E.: [Long-Term Contracts] for Petroleum coke, University of California Davis, Working Paper Series No. 206, 1982, S. 1-58

Grochla, Erwin; Wittmann Waldemar (Hrsg.): Handwörterbuch der Betriebswirtschaft, 4. Aufl., Stuttgart 1989

Grosse, Paul B.: [Projektfinanzierung] aus Bankensicht, in: Backhaus, Klaus; Sandrock, Otto; Schill, Jörg; Uekermann, Heinrich (Hrsg.): Projektfinanzierung, Stuttgart 1990, S. 13-28

Grosse, Paul B.: Möglichkeiten und Grenzen der externen privatwirtschaftlichen [Finanzierung von Hochtechnologie], Süddeutsche Zeitung, Nr. 137, 19. Juni 1989, S. 33

Grosse, Paul B.: Für die [Finanzierung von Großprojekten] haben die Banken ein ausgefeiltes Instrumentarium entwickelt, Handelsblatt 10.4.1986

Grossman, Sanford J.; Hart, Oliver D.: An Analysis of the [Principal-Agent-Problem], Econometrica, 51, 1, Januar 1983, S. 7-45

Grün, Oskar: [Projektorganisation], in: Frese, Erich (Hrsg.): Handwörterbuch der Organisation, 3. Aufl., Stuttgart 1992, Sp. 2102-2116

Guimaraes, Tor; Paxton, William E.: Impact of Financial Analysis Methods on [Project Selection], Journal of Systems Management, Februar 1984, S. 18-22

Hagenmüller, Karl Friedrich; Jacob, Adolf-Friedrich: Der [Bankbetrieb], Band II, 5. Aufl., Wiesbaden 1987

Haley, Charles W.; Schall, Lawrence D.: Theory of Financial Decisions, 2. Aufl, New York 1979

Hall, William: The Fashionable [World of Project Finance], The Banker, 126. Jg., Nr. 599, 1976, S. 71-76

Harding, Nick: Limited Recourse Projects - The [Contractors Perspective], Vortrag auf der Second International Construction Projects Conference, London 5./6. Juni 1989, S. 1-10

Harris, Heinrich: [Rechtliche Aspekte] der Projektfinanzierung im Bergbau, Schriftenreihe der Gesellschaft Deutscher Metalhütten und Bergleute, Heft 45, Clausthal-Zellerfeld, 1985, S. 27-36

Harris, Milton; Raviv, Artur: Capital Structure and the [Informational Role of Debt], Journal of Finance, 45, 2, Juni 1990, S. 321-349

Harris, Milton; Raviv, Artur: [Optimal Incentive Contracts] with Imperfect Information, Journal of Economic Theory, 20, 1979, S. 231-259

Harris, Milton; Raviv, Artur:: Some [Results on Incentive Contracts] with Applications to Education and Employment, Health Insurance, and Law Enforcement, American Economic Review, 68, 1, 1978, S. 20-30

Harrison, David H.A.: [Project Finance] - a silver lining for commercial banks, Euromoney, April 1975, S. 78-82

Hartmann-Wendels, Thomas: Zur [Integration] von Moral Hazard und Signalling in finanzierungstheoretischen Ansätzen, Kredit und Kapital, 2, 1990, S. 229-259

Hartmann-Wendels, Thomas: [Venture Capital] aus finanzierungstheoretischer Sicht, Zeitschrift für betriebswirtschaftliche Forschung, 39, 1, 1987, S. 16-30

Hartshorn, Timothy; Busink, Nick: [Projektfinanzierung], in: Backhaus, Klaus; Siepert, Hans-M. (Hrsg.): Auftragsfinanzierung im industriellen Anlagengeschäft, Stuttgart 1987, S. 224-246

Hauser, Heinz: Zur ökonomischen [Theorie von Institutionen], in: Timmermann, Manfred (Hrsg.): Nationalökonomie morgen, Zürich 1981, S. 59-84

Hauser, Heinz: [Joint Venture]: Sonderlösungen für Einzelfälle oder allgemein verwendbare Instrumente der internationalen Kooperation?, Außenwirtschaft, 2, 36. Jg., 1981, S. 176-194

Hax, Herbert: Theorie der Unternehmung - Information, [Anreize und Vertragsgestaltung], in: Ordelheide, Dieter; Rudolph, Bernd; Büsselmann, Erwin (Hrsg.): Betriebswirtschaftslehre und ökonomische Theorie, Stuttgart 1991, S. 52-72

Hax, Herbert; Hartmann-Wendels, Thomas; Hinten, Peter von: Moderne [Entwicklung der Finanzierungstheorie], in: Christians, F. Wilhelm (Hrsg.): Finanzierungshandbuch, 2. Aufl., Wiesbaden 1988, S. 689-713

Heintzeler, Frank: [Projektfinanzierung] aus der Sicht der Banken, Schriftenreihe der Gesellschaft Deutscher Metallhütten- und Bergleute, Heft 45, Clausthal-Zellerfeld 1985, S. 13-26

Heintzeler, Frank: Neue [Entwicklungen in der internationalen Projektfinanzierung], Kreditpraxis, 3, 1985, S. 15-19

Heintzeler, Frank: [Internationale Projektfinanzierung], Zeitschrift für das gesamte Kreditwesen, 13, 1983, S. 9-12

Heintzeler, Frank: Internationale Projektfinanzierung - [Kalkuliertes Risiko], Wirtschaftswoche, 21, 1981, S. 46-51

Hellwig, Hans-Jürgen: Internationale [Joint Venture] Verträge, in: Macharzina, Klaus; Welge, Martin K.: Handwörterbuch Export und Internationale Unternehmung, Stuttgart 1989, Sp. 1064-1071

Hennart, Jean-F.: The [Transaction-Cost Rationale] for Countertrade, Journal of Law, Economics and Organization,1, 1989, S. 127-153

Hennart, Jean-F.: A Transaction Costs Theory of [Equity Joint Ventures], Strategic Management Journal, Vol. 9, 1988, S. 361-374

Herger, Hanspeter: Die Realisierung und Finanzierung von großen [Eisenbahnprojekte]n, Bern 1990

Herrhausen, Alfred: Internationale [Investitionsfinanzierung] in der Zukunft: Eine Herausforderung, Zeitschrift für Betriebswirtschaft, 57, 10, 1987, S. 966- 977

Herzfeld, Edgar: Typical Areas of Conflicts of Interest in [Joint Ventures], in: Nicklisch, Fritz (Hrsg.): Der komplexe Langzeitvertrag, Strukturen und internationale Schiedsgerichtsbarkeit, Heidelberg 1987, S. 199-206

Hess, James D.: The Economics of [Organization], Amsterdam 1983

Hinsch, Ludwig C.; Horn, Norbert: Das [Vertragsrecht] der internationalen Konsortialkredite und Projektfinanzierungen, Berlin 1985

Hirshleifer, Jack : Investment, [Interest , and Capital], New York 1970

Holmström, Bengt: [Moral Hazard] and Observability, Bell Journal of Economics, 10, 1979, 1, S. 74-91

Hombach, Hans; Kockelkorn, Götz; Molter, Wolfgang: Einführung in die [Auftragsfinanzierung], in: Backhaus, Klaus; Siepert, Hans-Martin (Hrsg.): Auftragsfinanzierung im industriellen Anlagegeschäft, Stuttgart 1987, S. 3-21

Hutchison, Terence W.: [Institutionalist Economics] - Old and New, Zeitschrift für die gesamte Staatswissenschaft, 140, 1984, S. 20-29

Jacob, Adolf-Friedrich: Corporate Banking und [Kundenloyalität], Bank und Markt, 1, 1993, S. 5-13

Jacob, Adolf-Friedrich: [Finanzierungsregeln], Vertrauenskapital und Risikoaversion, in: Kistner, Klaus-Peter; Schmidt, Reinhart (Hrsg.): Unternehmensdynamik, Stuttgart, 1991, S. 111-131

Jacob, Adolf-Friedrich (Hrsg.): Marketingansätze für [Finanzinnovationen], Stuttgart 1990

Jacob, Adolf-Friedrich; Förster, Gerhard M.: Marketingansätze für [Finanzinnovationen], in: Jacob, Adolf-Friedrich (Hrsg.): Marketingansätze für Finanzinnovationen, Stuttgart 1990, S. 1-45

Jacob, Adolf-Friedrich; Förster, Gerhard M.: Die Wahl [strategischer Standort]e im internationalen Bankgeschäft, Wiesbaden 1989

Jährig, Albrecht; Schuck, Hans; Rösler, Peter; Woite, Manfred: Handbuch des [Kreditgeschäft]s, 5. Aufl., Wiesbaden 1989

Jarillo, J. Carlos: On Strategic [Networks], Strategic Management Journal, 9, 1988, S. 31-41

Jensen, Michael C.: [Eclipse of the Public Corporation], The McKinsey Quarterly, 1, 1991, S. 117-144

Jensen, Michael C.: [Active Investors], LBOs, and the Privatization of Bankrupcy, Journal of Applied Corporate Finance, Frühling 1989, Vol. 2, No. 1, S. 35-44

Jensen, Michael C.: Agency Costs of [Free Cash Flow], Corporate Finance, and Takeovers, American Economic Review, Mai 1986, 76, 2, S. 323-329

Jensen, Michael C.; Meckling, William H.: [Theory of the Firm]: Managerial behavior, agency costs, and ownership structure, Journal of Financial Economics, 3, 1976, S. 305-367

Joffre, Patrick; Koenig, Gérard: [Stratégie d'Entreprise], Paris, 1985

John, Teresa A.; John, Kose: Optimality of [Project Financing]: Theory and Empirical Implications in Finance and Accounting, Review of Quantitative Finance and Accounting, 1, 1991, S. 51-74

John Kose; Kalay, Avner: Costly Contracting and [Optimal Payout Constraints], Journal of Finance, 37, 1982, S. 457-470

Joskow, Paul J.: [Asset Specificity] and the Structure of Vertical Relationships: Empirical Evidence, in: Williamson, Oliver; Winter, Sydney G. (Hrsg.): Origins, Evolution, and Development, New York 1991, S. 117-137

Kalay, Avner: [Stockholder-Bondholder Conflict] and Dividend Constraints, Journal of Financial Economics, 10, 1982, S. 211-233

Kayaloff, Isabelle J.: Export and [Project Finance], London 1988

Kensinger, John W.; Martin, John D.: [Project Finance]: Raising Money the Old-Fashioned Way, Journal of Applied Corporate Finance, 3, 1988, S. 69-81

Kent, David H.: [Joint Ventures] vs. Non-Joint Ventures: An Empirical Investigation, Strategic Management Journal, 1991, S. 387-393

Killing, J. Peter: Strategies for Joint Venture [Success], New York, 1983

Klein; Benjamin; Crawford, Robert G.; Alchian, Armen A.: [Vertical Integration], Appropriable Rents, and the Competitive Contracting Process; Journal of Law and Economics, 22, 1978, 297-326

Kogut, Bruce: Joint [Ventures]: Theoretical and Empirical Perspectives, Strategic Management Journal, 1988, S. 318-332

Kopper, Hilmar: [Klassische Außenhandelsfinanzierung], in: Christans, F. Wilhelm (Hrsg.): Finanzierungshandbuch, 2. Aufl., Wiesbaden 1988, S. 367-395

Krahnen, Jan P.: [Sunk Costs] und Unternehmensfinanzierung, Wiesbaden 1991

Krahnen, Jan-P.: Zur Wahl der Vertragsdauer bei [Kreditarrangements] unter asymmetrischer Information, WiSt, 7, Juli 1988, S. 343-349

Krümmel, Hans-J.: [Bankzinsen], Köln 1964, zitiert nach Hagenmüller, Karl F.; Jacob, Aldolf-F.:[Bankbetrieb] Bd. III, 5. Aufl., Wiesbaden 1988, S. 259

Laux, Helmut: Risiko, [Anreiz und Kontrolle], Berlin 1990

Lee, Peter: Project Finance - [Pet Projects] go sour, Euromoney, April 1991, S. 44-57

Linden, Eike v.d.: [Projektprüfung] und Risikosteuerung im Rahmen der Projektfinanzierung, Schriftenreihe der Gesellschaft Deutscher Metallhütten und Bergleute, Heft 45, Clausthal-Zellerfeld, 1985, S. 53-64

Loistl, Otto: Zur neueren [Entwicklung der Finanzierungstheorie], Der Betriebswirt, 1, 1990, S. 47-84

MacDonald, James M: Market Exchange or [Vertical Integration]: An Empirical Analysis, Review of Economics and Statistics, 67, 2, Mai 1985, S. 327-331

Macneil, Irvin R.: [Contracts]: Adjustments of Long-term Economic Relations under Classical, Neo-classical and Relational Law, Northwestern University Law Review 72, 1978, S. 854-906

Mao, James C.T.: Project Financing: [Funding the Future], Financial Executive, August 1982, S. 23-28

Marple, Allen C.: [What is Project Finance]?, The Banker, 127. Jg., Nr. 622, 1977, S. 47-49

Mathews, Bernard D.: Contractors as Investors in Private [Infrastructure Projects], Arbeitspapier der J. Henry Schroder Wagg & Co. Ltd., 1987

Masten, Scott E.: The [Organization of Production]: Evidence form the Aerospace Industry, Journal of Law and Economics, 27, Okober 1984, S. 403-417

Masten, Scott E.; Crocker, Keith J.: Efficient Adaptation in [Long-Term Contracts]: Take-or-Pay Provisions for Natural Gas, American Economic Review, 75, 5, Dezember 1985, S. 1083-1093

Mathewson, G. Frank; Winter, Ralph A.: The [Economics of Franchise] contracts, Journal of Law and Economics, 28, Oktober 1985, S. 503-526

McAlpine, Robert D.C.: [Financing of Capital Projects] - View from London, The Banker, 127. Jg., Nr. 622, 1977, S. 63-71

McCall, John J.: [Economics of Information] and Job Search, Quarterly Journal of Economics, 1970, S. 113-126

McKechnie, Gordon: Project Finance - [Limited Recourse Finance], in: Terry, Brian J. (Hrsg.): International Finance and Investment, London 1987, S. 269-314

Merzl, Hans Peter: [Entwicklungshilfe] und Förderungsinstitutionen, in: Macharzina, Klaus; Welge, Martin K. (Hrsg.): Handwörterbuch Export und Internationale Unternehmung, Stuttgart 1989, Sp. 391-403

Meyer, William: Entwicklung und Bedeutung des [Property Rights]-Ansatzes in der Nationalökonomie, in: Schüller, Alfred: Property Rights und ökonomische Theorie, München 1983

Mikesell, Raymond F.: New [Patterns of World Mineral Development], British-North American Committee, Washington D.C. 1979

Millauer, Karl M.: [Projektfinanzierung], Wien 1985

Miller, Merton H.; Modigliani, Franco: [Dividend Policy], Growth and the Valuation of Shares, Journal of Business, 34, 1961, S. 411-433

Modigliani, Franco; Miller, Merton H.: The [Cost of Capital], Corporation Finance and the Theory of Investment, American Economic Review, 48, 1958, S. 261-297

Monteverde, Kirk; Teece, David J.: Supplier switching costs and [vertical integration] in the automobile industry, The Bell Journal of Economics, 13, 1982, S. 206-213

Müller, Horst: [Konzernabschluß] nach neuem Bilanzrecht aus Sicht des Analysten, Die Bank, 1, 1988, S. 35-39

Müller, Horst: Der Einfluß von [Besicherungsmöglichkeiten] auf die Vergabe von Bankkrediten, Die Bank, 11, 1984, S. 524-529

Myers, Steve: Determinants of [Corporate Borrowing], Journal of Financial Economics, 5, 1977, S. 147-175

Myers, Stewart C.; Majluf, Nicholas S.: [Corporate Financing] and Investment Decisions when Firms have Information that Investors do not have, Journal of Financial Economics, 13, 1984, S .187-221

Nelson , Peter: [Information and Consumer Behaviour], Journal of Political Economy, 78, 1970, S. 311-329

Nelson, Richard R.: [Assessing private enterprise]: An exegesis of tangled doctrine, Bell Journal of Economics, Spring 1981

Nevitt, Peter K. : [Project Financing], London 1989

Nicklisch, Fritz (Hrsg.): Der komplexe Langzeitvertrag, Heidelberg 1987

North, Douglas C.: Institutional Change and [Economic History], Journal of Institutional and Theoretical Economics, 145, 1989, S. 238-245

Norton, Richard: Cash and Carry [Project Finance], Trade Finance & Banker International, September 1989, S. 35-38

-157-

9

o.V.: [Aluminum Co. of America] v. Essex Group, Inc, 499 f. Supp. 53 (W.D. Pa. 1980), zitiert nach Scott, Robert E.: [Risk Distribution] and Adjustment in Long-term Contracts, in: Nicklisch, Fritz (Hrsg.): Der komplexe Langzeitvertrag, Heidelberg 1987, S. 56 f.

o.V.: [Asian Project Finance], Pacific Rim Business Digest, Februar 1989, S. 12-13

o.V.: [Eurotunnel Rights Issue], London 1990

o.V.: [Internationale Projektfinanzierung]: Maßgerechte Finanzierung für Investitionen, in: Deutsche Bank (Hrsg.): Börsenbild und Anlagespiegel, 1982, Nr. 6, S. 4-5 u. Nr. 7, S. 6

o.V.: [Project]Finance, Clifford Chance Publications, 1991

o.V.: Project [Finance], in: Ball, James; Knight, Martin (Hrsg.): Export Finance 1989, London 1989, S. 117-121

o.V.: [Projektfinanzierungen], in: Hermes Kreditversicherungs-AG (Hrsg.): AGA-Report Nr. 23, Mai 1990, S. 1-4

o.V.: [Projektfinanzierungen] der Deutschen Bank AG, Arbeitspapier der Deutschen Bank AG, 1987

Ohmae, Kenichi: Triad Power: The Coming [Shape of Global Competition], New York 1985

Pahl, Tyll: Der [Eurotunnel]: Beispiel für zukünftige privatwirtschaftliche Infrastruktur-Finanzierungen, Die Bundesbahn, 6, 1989, S. 469-471

Palay, Thomas: [Avoiding Regulatory Constraints]: Contracting Safeguards and the Role of Informal Agreements, Journal of Law, Economics, and Organization, 1, 1985, S. 155-176

Perille, P. James; Saathoff, Frederik J.: Why not [Project Financing], Management Accounting, Oktober 1978, S. 13-22

Picot, Arnold: Ein neuer Ansatz zur Gestaltung der [Leistungstiefe], Zeitschrift für betriebswirtschaftliche Forschung, 1991, S. 336-357

Picot, Arnold: Ökonomische [Theorien der Organisation] - Ein Überblick über neuere Ansätze und deren betriebswirtschaftliches Anwendungspotential, in: Ordelheide, Dieter; Rudolph, Bernd; Büsselmann, Erwin (Hrsg.): Betriebswirtschaftslehre und ökonomische Theorie, Stuttgart 1991, S. 143-170

-158-

Picot, Arnold: Transaktionskostenansatz in der [Organisationstheorie]: Stand der Diskussion und Aussagewert, Die Betriebswirtschaft, 1982, S. 267-284

Picot, Arnold: Der Beitrag der [Theorie der Verfügungsrechte] zur ökonomischen Analyse von Unternehmungsverfassungen, in Bohr, Klaus et al. (Hrsg.): Unternehmensverfassung als Problem der Betriebswirtschaftslehre, Regensburg 1981, S. 153-195

Polanyi, Michael: [Personal Knowledge]: Towards a Post-Critical Philosophy, New York, 1962

Relles, Marion: Gesucht werden [neue Wege der Kommunalfinanzierung], Handelsblatt, 22.4.1993, Nr. 77, S. B7

Relles, Marion: Finanzierung im Grenzbereich zwischen [Projektfinanzierung und öffentlicher Finanzierung] am Beispiel von Müllverbrennungsanlagen, in: Backhaus, Klaus; Sandrock, Otto; Schill, Jörg; Uekermann, Heinrich (Hrsg.): [Projektfinanzierung], 1990, S. 101-112

Richardson, G.B.: The [Organisation] of Industry, The Economic Journal, 9, 1972, S. 883-986

Richter, Rudolf: [Institutionenökonomische Aspekte] der Theorie der Unternehmung, in: Ordelheide, Dieter; Rudolph, Bernd; Büsselmann, Erwin (Hrsg.): Betriebswirtschaftslehre und ökonomische Theorie, Stuttgart 1991, S. 398-429

Richter, Rudolf: [Sichtweise und Fragestellungen] der Neuen Institutionenökonomik, Zeitschrift für Wirtschafts- und Sozialwissenschaften, 110, 1990, S. 571-591

Rieger, Harald: [Juristische Aspekte] der Projektfinanzierung, in: Backhaus; Klaus; Sandrock, Otto; Schill, Jörg; Uekermann, Heinrich (Hrsg.): Projektfinanzierung, Stuttgart 1990, S. 63-76

Roberts, M.J.D.: Legal Issues in [Energy-related Project Finance], International Financial Law Review, April 1983, S. 20 ff.; zitiert nach Hinsch, Ludwig C.: Horn, Norbert: Vertragsrecht der internationalen Konsortialkredite und Projektfinanzierungen, Berlin 1985, S. 245

Röpke, Jochen: [Handlungsrechte] und wirtschaftliche Entwicklung, in: Schüller, Alfred: Property Rights und ökonomische Theorie, München 1983, S. 111-144

Rösler, Gerhard: [Risikoabdeckung] im Rahmen der Projektfinanzierung durch Ausfuhrgewährleistungen und Kapitalanlagen-Garantien, In: Backhaus; Klaus; Sandrock, Otto; Schill, Jörg; Uekermann, Heinrich (Hrsg.): Projektfinanzierung, Stuttgart 1990, S. 77-100

Ross, Stephen A.: The Economic [Theory of Agency]: The Principal's Problem, American Economic Review 63, 1973, S. 134-139

Rubin, Paul H.: [Managing Business Transactions], New York, 1990

Rubin, Paul H.: The Theory of the Firm and the Structure of the [Franchise Contract], Journal of Law and Economics, 21, 1, April 1978, S. 223-234

Rudolph, Bernd: [Kreditsicherheiten], als Instrumente zur Umverteilung und Begrenzung von Kreditrisiken, Zeitschrift für betriebswirtschaftliche Forschung, 36, 1, 1984, S. 16-46

Salop, Steve; Stiglitz, Joseph E.: [Bargains and Ripoffs]: A Model of Monopolistically Competitive Price Dispersion, Review of Economic Studies, 1977

Schanze, Erich: [Investitionsverträge] im internationalen Wirtschaftsrecht, Frankfurt a.M. 1986

Schelling, Thomas: An [Essay on Bargaining], American Economic Review, 46, Juni 1956, S. 281-306

Schenk, Karl-E.: [New Institutional Dimensions] of Economics, Heidelberg, 1988

Schenk, Karl-E.: Property Rights und [Theorie der Institutionen], WISU, 4, 1988, S. 226-231

Schill, Jörg: Verbundgeschäft, [Projektfinanzierung] und Kooperation als Finanzierungsinstrumente im Maschinen- und Anlagenexport, Frankfurt a.M. 1988

Schipper, Katherine; Smith, Abbie: A comparison of [Equity Carve-Outs] and Seasoned Equity Offerings, Journal of Financial Economics, 15, 1986, S. 153-186

Schmidt, Reinhard H.: Transaktionskostenorientierte Organisationstheorie, in: Frese, Erich (Hrsg.): Handwörterbuch der Organisation, 3. Aufl., Stuttgart 1992, Sp. 1854-1866

Schmidt, Reinhard H.: Neue [Property Rights-Analysen] in der Finanzierungstheorie, in: Budäus, Dietrich; Gerum, Elmar; Zimmermann, Günther (Hrsg.): Betriebswirtschaftslehre und Theorie der Verfügungsrechte, Wiesbaden 1988, S. 239-268

Schmidt, Reinhard, H.: Grundzüge des Investitions- und [Finanzierungstheorie], 2. Aufl., Wiesbaden 1986

Schmidt, Reinhard H.: [Grundformen der Finanzierung] - Eine Anwendung des neo-institutionalistischen Ansatzes der Finanzierungstheorie, Kredit und Kapital, 14, 1981, S. 186-221

Schmidt, Reinhard H.: Die Rolle von [Informationen] und Institutionen auf Finanzmärkten, Habilitationsschrift, Frankfurt 1979

Schmitt, Wolfram: [Internationale Projektfinanzierung] bei deutschen Banken, Frankfurt a.M. 1989

Scholz, Hellmut; Lwowski, H.-Jürgen: Das Recht der [Kreditsicherung], 6. Aufl., Berlin 1986

Schotter, Andrew: [Social Institutions], New York 1981

Schüller, Alfred: [Property Rights], München, 1983

Schwanfelder, Werner: [Anlagengeschäfte], Wiesbaden 1989

Scott, Robert E.: [Risk Distribution] and Adjustment in Long-Term Contracts, in: Nicklisch, Fritz (Hrsg.): Der komplexe Langzeitvertrag, Heidelberg 1987, S. 51-101

Senghas, Norbert; Pähler, Ulrich: [Projektfinanzierung] - Notwendige Infrastrukturinvestitionen überfordern den Staat, Handelsblatt, Nr. 66, 2.4.1992, S. B6

Sha, Salman, Thakor, Anjan V.: Optimal Capital Structure and [Project Financing], Journal of Economic Theory, 42, 1987, S. 209-243

Shan, Weijian: Environmental Risks and Joint Venture [Sharing Arrangements], Journal of International Business Studies, 4, 1991, S. 555-578

Shapiro, Alan C.: [Guidelines] for Long-Term Corporate Financing Strategy, Midland Corporate Finance Journal, 3, Winter 1986, S. 6-19

Sharp, David J.: Uncovering the [Hidden Value in High-Risk Investments], Sloan Management Review, Sommer 1991, S. 69-74

Sington, Philipp: [Pure Project Finance] - Pure Risk, Trade Finance, April 1989, S. 51-65

Smith, Clifford W.; Warner, Jerold B.: On [Financial Contracting], an Analysis of Bond Covenants, Journal of Financial Economics, 7, 1979, S. 117-161

Spence, Michael: Market Signalling - Informational Transfer in Hiring and Related Screening Processes, Harvard University Press, Cambridge (Mass.) 1974

Spremann, Klaus: [Asymmetrische Information], Zeitschrift für Betriebswirtschaft, 60, 5/6, 1990, S. 561-586

Spremann, Klaus: [Stakeholder-Ansatz] versus Agency-theorie, Zeitschrift für Betriebswirtschaft, 59, 1989, 7, S. 742-745

Spremann, Klaus: [Reputation, Garantie], Information, Zeitschrift für Betriebswirtschaft, 58, 5/6, 1988, S. 613-629

Spremann; Klaus: [Agent und Principal], in: Bamberg, Günter; Spremann, Klaus (Hrsg.): Agency Theory, Information, and Incentives, Heidelberg 1987, S. 6-9

Stigler, George J.: The [Economics of Information], Journal of Political Economy, 69, 1961, S. 213-225

Stiglitz, Joseph E.: Credit Markets and the [Control of Capital], Journal of Money, Credit, and Banking, 17, 2, Mai 1985, S. 133-152

Stiglitz, Joseph E.; Weiss, Andrew: [Credit Rationing] in Markets with Imperfect Information, American Economic Review, 71, 1981, S. 393-410

Stockmayer, Albrecht: Project Finance: Criteria for Effective [Security Arrangements], in: Jaenicke, Günther; Kirchner, Christian; Mertens, Hans-Joachim; Rehbinder, Eckard; Schanze, Erich (Hrsg.): International Mining Investment, Frankfurt a. M. 1988, S. 211- 225

Stockmayer, Albrecht: Projektfinanzierung und [Kreditsicherung], Frankfurt 1982

Stuckey, John: [Vertical Integration and Joint Ventures] in the Aluminum Industry, Cambridge/Mass. 1983

Swoboda, Peter: [Betriebliche Finanzierung], Würzburg, 1992

Swoboda, Peter: [Kapitalmarkt und Unternehmensfinanzierung] - Zur Kapitalstruktur der Unternehmung, in: Schneider, Dieter (Hrsg.): Kapitalmarkt und Finanzierung, Berlin 1987, S. 49-68

Teece, David J.: Firm [Boundaries], Technological Innovation and Strategic Management, in: Thomas G.L. (Hrsg.): The Economics of Strategic Planning, Lexington Mass., 1986

Teece, David J.: Some [Efficiency Properties] of the Modern Corporation: Theory and Evidence, Working Paper, University of California at Berkely, 1982

Teece, David J.: The Market for Know-how and the Efficient [Transfer] of Technology, in: Annals of the American Academy of Political and Social Science, 1981, S. 81-86

Teece, David J.: Economies of [Scope] and the Scope of the Enterprise, Journal of Economic Behaviour and Organization, 1980, S. 223-247

Teece, David J.: [Technology Transfer] by multinational firms, Economic Journal, 87, 1977, S. 246-261

Telser, Lester G.: A Theory of [Self-enforcing Agreements], Journal of Business, 53, 1980, S. 27 ff.

Terberger, Eva: Der [Kreditvertrag] als Instrument zur Lösung von Anreizproblemen, Heidelberg 1987

Thompson, Steve; Wright, Mike (Hrsg.): Internal Organisation, Efficiency and Profit, Oxford 1988, S. 228-234

Townsend, Robert M.: On the Optimality of [Forward Markets], American Economic Review, Vol. 68, Nr. 1, März 1978, S. 54-66

Uekermann, Heinrich: Technik der [internationalen Projektfinanzierung], in: Backhaus, Klaus; Sandrock, Otto; Schill, Jörg; Uekermann, Heinrich (Hrsg.): Projektfinanzierung, Stuttgart 1990, S. 13-28

Walker, Gordon; Weber, David: A Transaction Cost Approach to [Make-or-buy Decisions], Administrative Science Quarterly, 29, 1984, S. 373-391

Williamson, Oliver E.: Comparative Economic [Organization], Vergleichende ökonomische Organisationstheorie: Die Analyse diskreter Strukturalternativen, in: Ordelheide, Dieter; Rudolph, Bernd; Büsselmann, Erwin (Hrsg.): Betriebswirtschaftslehre und ökonomische Theorie, Stuttgart 1991, S. 13-49

Williamson, Oliver E.: A Comparison of [Alternative Approaches] to Economic Organization, Zeitschrift für die gesamte Staatswissenschaft, 146, 1990, S. 61-71

Williamson, Oliver E.: Corporate Finance and [Corporate Governance], Journal of Finance, 43, 3, 1988, S. 567- 591

Williamson, Oliver E.: The Economic [Institutions] of Capitalism, New York 1985

Williamson, Oliver E.: The [Economics of Governance]: Framework and Implication, Zeitschrift für die gesamte Staatswissenschaft, 1984, S. 195-223

Williamson, Oliver E.: [Credible Commitments]: Using Hostages to Support Exchange, American Economic Review, 73, 1, 1983, S. 519-540

Williamson, Oliver E.: The Modern Corporation: Origins, Evolutions, Attributes, Journal of Economic Literature, 19, Dezember 1981, S. 1537-1568

Williamson, Oliver E.: The [Organization of Work], a Comparative Institutional Assessment, Journal of Economic Behavior and Organization 1, 1980, S. 5-38

Williamson, Oliver E.: Transaction-Cost Economics: The [Governance] of Contractual Relations, Journal of Law and Economics, 1979, S. 233-261

Williamson, Oliver E.: [Markets and Hierarchies]: Analysis and Antitrust Implications, New York 1975

Windsperger, Josef: Transaktionskosten und das [Organisationsdesign] von Koordinationsmechanismen, Jahrbuch für neue politische Ökonomie, 4, 1985, S. 199-218

Wittmann, Waldemar: [Information], in: Grochla, Erwin (Hrsg.): Handwörterbuch der Organisation, 2. Aufl., Stuttgart 1980, Sp. 699-707

Wittmann, Waldemar; Kern, Werner; Köhler, Richard; Küpper, Hans-Ulrich; Wysocki, Kai v. (Hrsg.): Handwörterbuch der Betriebswirtschaft, 5. Aufl., Stuttgart 1993

Worenklein, Jacob J.: [Project Financing] of Joint Ventures, Public Utilities fortnightly, Dezember 3, 1981, S. 39-46

Wynant, Larry: [Project Finance], Harvard Business Review, Sommer 1980, S. 59-67

Zündorf, Horst: Quotenkonsolidierung vs. [Equity-Methode], Stuttgart, 1987

MIX
Papier aus verantwortungsvollen Quellen
Paper from responsible sources
FSC® C105338

If you have any concerns about our products,
you can contact us on
ProductSafety@springernature.com

In case Publisher is established outside the EU,
the EU authorized representative is:
Springer Nature Customer Service Center GmbH
Europaplatz 3, 69115 Heidelberg, Germany

Printed by Libri Plureos GmbH
in Hamburg, Germany